VOIR PLUS LOIN

DU MÊME AUTEUR

La Tentation totalitaire de la gauche, Plon, 2014.
Au cœur de l'État, Plon, 2013.
Le Chêne qu'on relève, Odile Jacob, 2005.
La République des irresponsables, Odile Jacob, 1999.
La Grande Peur des classes moyennes, La Table Ronde, 1996.
La Décision politique. Attention, une république peut en cacher une autre, Puf, 1983.

MICHÈLE ALLIOT-MARIE

VOIR PLUS LOIN

Feuille de route pour le prochain président

l'Archipel

Notre catalogue est consultable à l'adresse suivante :
www.editionsarchipel.com

Éditions de l'Archipel
92, avenue de France
75013 Paris

ISBN 978-2-8098-4420-7

Avant-propos

Avril 2022 : l'élection présidentielle ! Depuis des mois, son spectre hante la classe politique. Tous ses acteurs n'ont plus que cette idée en tête. Chacune de leurs déclarations, de leurs prises de position ou de leurs actions est conçue à travers ce prisme. Entre ceux qui s'imaginent un destin élyséen, ou à défaut ministériel, ceux qui se positionnent au sein d'une écurie pour devenir conseillers et ceux qui préparent les prochaines échéances législatives, pas un n'échappe au tourbillon du scrutin pour la magistrature suprême.

Les Français, eux, semblent moins concernés par cette perspective. Et pour cause : la plupart sont désormais convaincus qu'un nouveau chef d'État ne changera pas grand-chose à leur situation personnelle et qu'ils n'ont guère d'amélioration à en attendre. Qui oserait prétendre, en les regardant dans les yeux, que le futur président parviendra à augmenter leur pouvoir d'achat ? À les libérer des tracasseries administratives qui plombent leur existence ? À les délivrer de ce sentiment de déclassement qui assombrit leur horizon ? À assurer leur sécurité ? À leur offrir une véritable perspective ? À inscrire de nouveau notre pays dans la marche du monde ?

Je ne postule plus à des fonctions ministérielles ou à des mandats électifs. Je les ai déjà presque tous occupés et j'ai la faiblesse de croire que j'ai donné toute mon énergie pour faire avancer les dossiers dans les domaines dont j'ai eu la responsabilité. Mais je ressens toujours le besoin de changer le cours des choses, d'intervenir pour éviter que notre pays ne sombre dans une décrépitude indigne de son histoire et dont il ne pourrait plus se sortir. Il n'est pas dans ma nature de baisser les bras ni de renoncer à ce que je crois. Or je crois que la France conserve une voix singulière et j'ai pu constater par moi-même qu'elle était encore écoutée à travers le monde. Je crois que notre pays possède une approche qui lui est propre de l'équilibre des rapports humains et internationaux, une vision dont notre monde en pleine tourmente a besoin. Je crois que les mots « ambition », « générosité », « panache » et « tolérance », ont un sens plus que jamais nécessaire si nous voulons éviter un collapsus humanitaire dans les années à venir. Je crois que la politique peut faire grandir la France si ceux qui la conduisent agissent avec courage et anticipation plutôt que de se complaire dans la petitesse du renoncement et du nombrilisme. Aux politiques qui ambitionnent désormais de diriger notre nation, je ressens le besoin de dire : « Secouez-vous, secouez-nous ! Redonnez aux Français l'envie d'être ensemble, c'est votre rôle ! Redonnez-leur le goût d'agir, de gagner ! Recréez de l'enthousiasme ! Regardez autour de vous pour redécouvrir ce qui fait notre force ! Voyez plus loin, beaucoup plus loin ! »

Dans ce monde qui se crée sous nos yeux, de nouveaux dangers apparaissent, mais aussi de nouvelles opportunités. Si nous ne nous laissions pas aller au fatalisme, nous constaterions que la France possède tous les atouts nécessaires pour relever les défis du siècle qui a débuté depuis vingt ans, alors que nous pensions que le temps s'était arrêté. Notre pays a les ressources, les capacités humaines et les alliés potentiels pour jouer les premiers rôles. Il ne lui manque que de reprendre conscience de ce qu'il est, de choisir des dirigeants qui soient capables d'entraîner les Français et de se projeter dans l'avenir, pas seulement avec des mots, mais avec des actes, avec une feuille de route claire, compréhensible par tous. Mais cette feuille de route implique aussi de reconnaître ce qui freine notre pays et d'y mettre fin. Prenons conscience de ce qui nous empêche au quotidien d'exploiter nos capacités naturelles, humaines et politiques. Rendons au politique sa suprématie. Exigeons du futur président qu'il soit à la hauteur de sa mission.

Au cours de ma carrière, j'ai rencontré certains de ces hommes et de ces femmes qui ont, à un moment donné, changé le destin de leur pays. Parfois en bien, parfois en mal au regard de nos valeurs et de nos principes. Mais ils m'ont fait comprendre qu'un individu peut influer sur le cours de l'Histoire s'il a une vision, un talent, une volonté. Ainsi naquit la geste gaullienne. Sur cette idée s'est construit mon engagement gaulliste. À quelques semaines de l'élection présidentielle, je veux réaffirmer qu'aujourd'hui, encore plus qu'hier, ce scrutin, qui donne une fois tous les cinq ans à nos concitoyens le pouvoir de changer les choses, doit faire émerger une personnalité capable de porter un véritable renouveau.

Le président de la République est la clé de voûte de nos institutions, mais aussi celui qui doit voir loin, impulser, imposer le respect des objectifs communs. Il doit être capable de se projeter dans les dix, vingt ou cinquante prochaines années, d'assumer la fonction avec ses contraintes de grandeur et d'impopularité si nécessaire. À ceux qui se présentent devant les Français avec la volonté de conduire leur destin collectif, je dis donc ceci : si vous voulez plaire, soyez footballeur, comédienne, présentatrice de journal télévisé ou youtubeur, pas candidat ou candidate à la présidence de la République ! Si vous ambitionnez de présider la France, ayez un projet à la hauteur des défis du futur et soyez capable de vous y tenir sans dévier dans les tempêtes médiatiques, les mouvements sociaux, les méandres parlementaires, les orages diplomatiques, les tensions et les crises. Il est plus que temps, mesdames et messieurs les candidats, de montrer si vous êtes dignes de la fonction à laquelle vous aspirez. Il est plus qu'indispensable que nous sachions si vous êtes prêts, si vous êtes capables de mettre en œuvre sans trembler une feuille de route pour en finir avec les faiblesses structurelles du pays, tout en reconnaissant ses indéniables atouts qu'il faudra libérer.

Le quinquennat impose un rythme court. Il requiert de faire voter dans les deux premières années les réformes essentielles à la réalisation d'une vision ambitieuse du pays pour les prochaines décennies, en surfant sur la vague d'espoir et d'optimisme que suscite toute élection présidentielle. Le reste du monde ne nous attendra pas. Raison de plus pour mettre en valeur nos atouts, en neutralisant les freins et les pesanteurs qui plombent depuis des années le dynamisme de la France et le moral des Français. Des atouts, nous n'en manquons pas, au regard des grands défis qui se dressent devant notre monde pour le XXIe siècle.

Nous n'avons plus le temps de le perdre. Vous n'avez plus le droit d'être timorés. L'heure est trop grave et l'enjeu est trop beau pour ne pas mettre en adéquation vos actions avec vos grands discours. Mesdames et messieurs les candidats, soyez dignes de ce que vous prétendez incarner. Je connais trop la politique pour ignorer l'attractivité du renoncement, mais je sais aussi que la volonté permet d'y résister. Avec cet ouvrage, je ne vous soumets pas une énième liste de mesures programmatiques, je vous propose une marche à suivre, un chemin pour éviter le retour en arrière, une véritable ambition. Notre destin sera entre les mains de l'un ou l'une d'entre vous.

1

Changeons enfin le logiciel politique

J'aime la politique, mais, plus le temps passe, moins j'aime la vie politique française. Ce que je déplore, c'est une pratique politicienne essentiellement tournée vers la communication et le paraître. Ce que je déplore, ce sont des élus plus préoccupés par les minorités électorales que par les aspirations de la majorité des citoyens. Ce que je déplore, ce sont des dirigeants ignorants des principes et des valeurs qui ont fait notre identité. Ce que je déplore, ce sont des responsables imperméables aux réalités économiques et culturelles en dehors de nos frontières. Et ce que je déplore plus encore, c'est une république de faux-semblants, oublieuse des leçons du passé et insuffisamment préoccupée par l'avenir du pays.

Voilà ce qu'est devenue la France depuis quelques années, sous la houlette d'une classe politique plus motivée par le court-termisme électoral que par les grands enjeux du futur, par les recettes démagogiques que par l'ambition collective. J'aime les animaux, j'ai eu des chiens et un chat, mais voir le bien-être animal présenté comme l'un des grands textes du programme législatif du quinquennat[1] me paraît un peu court face aux enjeux sociaux, économiques, scientifiques ou stratégiques. N'envisager la nécessaire adaptation de l'Éducation nationale qu'à travers l'augmentation des salaires des enseignants français, c'est ignorer l'un des enjeux majeurs du monde de demain.

Les Français ne s'y trompent pas. Faute d'une vision claire de l'avenir de leur pays, ils s'angoissent pour leur propre devenir et celui de leurs enfants. Faute d'une ambition nationale dans laquelle ils pourraient inscrire leur espoir de promotion sociale, ils se divisent, envient leur voisin et deviennent agressifs. De Gilets jaunes en complotistes, d'extrémistes de toutes obédiences en écolo-régressistes, c'est l'anxiété d'un peuple sans boussole qui s'exprime dans des manifestations pour les uns, dans le repli sur soi pour les autres. Cette tentation, chacun la ressent, y compris moi. Mais je n'y sombrerai jamais car j'aime trop la France.

Le nouveau monde est le même que l'ancien en pire

Trente ans au cœur de l'État m'ont appris comment tournent ses rouages. Trente ans en politique m'ont enseigné comment fonctionnent les hommes de qui dépendent les bonnes ou les mauvaises décisions. Les dirigeants, ministres, parlementaires et hauts fonctionnaires, je les ai fréquentés, observés, analysés. J'ai travaillé avec beaucoup d'entre eux, j'en ai affronté certains. J'ai

1. *Le Point*, 18 novembre 2021.

connu personnellement la plupart des présidents de la Ve République, quelle que soit leur appartenance politique : Valéry Giscard d'Estaing, François Mitterrand, Jacques Chirac, Nicolas Sarkozy, François Hollande et Emmanuel Macron. J'ai côtoyé presque tous les Premiers ministres : Raymond Barre, qui me parlait comme si j'étais encore son étudiante ; Michel Rocard, dont j'ai gardé les petits mots manuscrits qu'il me faisait porter dans l'Hémicycle ; Alain Juppé, qui n'a jamais compris que je n'acquiesce pas, béate, à tout ce qu'il disait ; Lionel Jospin, avec qui mes relations étaient courtoises mais crispées ; Édouard Balladur, avec son humour, sa condescendance, mais aussi sa naïveté (vraie ou fausse, je ne saurai jamais) face au monde politique ; François Fillon, qui s'épanchait sur ses moments de tension avec « Sarko » ; et aussi Jean-Pierre Raffarin, Édouard Philippe ou Jean Castex, que j'ai fréquentés bien avant leur accession à Matignon. Je ne citerai pas tous les ministres, connus ou oubliés, dont j'ai pu observer au quotidien les évolutions au contact du pouvoir, les tics et les ressorts psychologiques. Au fil des années, j'en ai bien sûr perdu certains de vue. Mais, pour ceux qui sont restés dans le milieu politique, j'ai le sentiment de savoir d'avance ce qu'ils pensent, ce qu'ils visent, ce qu'ils craignent et la façon précise dont ils vont se comporter.

Et qu'en est-il des autres, ceux de la nouvelle « génération », dont une partie a quitté leur univers professionnel en 2017 pour rejoindre Emmanuel Macron et un ministère, ses couloirs et ses coulisses ? Pour ceux-là, les pratiques du *nouveau monde* – dont ils se sont longtemps gargarisés – ne changent en rien les habitudes de l'ancien. Les ressorts psychologiques sont les mêmes, les concurrences et les tics similaires. Je m'amuse souvent à anticiper leurs réactions à un événement ou à finir l'une de leurs phrases sans me tromper d'un mot. Ce serait drôle si ce n'était la révélation tragique d'une stagnation stérile de la pensée et de l'action politique. Je connais par cœur les formules de reconnaissance du président de la République aux sapeurs-pompiers engagés dans la lutte contre les incendies, celles du ministre de l'Intérieur annonçant des effectifs policiers supplémentaires à chaque nouveau règlement de comptes lié à un trafic de drogue. Je ne connais que trop les petites luttes des chefs de cabinet pour que leur ministre se retrouve devant les caméras, sur les lieux d'un accident, lors d'une catastrophe naturelle ou pour le retour d'otages, surtout si le chef de l'État est présent. J'imagine sans difficulté les tractations préalables au point presse du Premier ministre durant la pandémie pour sélectionner les membres du gouvernement qui seront autorisés à prendre place à ses côtés, afin de bénéficier d'une couverture médiatique inégalée.

Faut-il évoquer aussi tous ces effets d'annonce budgétaire qui ne se traduisent jamais sur le terrain ? Ces reculades des ministères soumis aux oukases de leur homologue des Finances qui rogne, à coups d'arbitrages successifs, toutes les avancées financières obtenues, annoncées et même votées par le Parlement ? Désormais, l'annonce est trop souvent plus importante que la réalisation. C'est d'elle que dépend l'image du politique et c'est de cette image que dépendent ses perspectives de carrière. C'est pour cela que les hommes et les femmes politiques se montrent, s'inventent une personnalité, récitent des éléments de langage préparés par leurs conseillers en communication. C'est pour cela qu'une loi a moins vocation à changer le quotidien des Français qu'à offrir à son auteur de la visibilité médiatique. C'est pour cela que le *storytelling* a remplacé la volonté de changer la vie et de rendre la France forte.

Un peu de modestie devant les caméras ne nuirait pourtant pas à certains. Les ministres de l'Intérieur successifs, par exemple. Comment ne pas être consterné de voir Manuel Valls, Bernard Cazeneuve ou Gérald Darmanin se gargariser des augmentations d'effectifs policiers, tandis que, le même jour, le commissariat d'une commune sensible se déclare incapable d'envoyer des renforts pour empêcher une trentaine d'ados de tirer des obus de mortier ? Comment peut-on faire mine de se satisfaire de son bilan quand, dans certaines banlieues franciliennes, la police ne dispose que d'une seule voiture pour cent mille habitants ? Les médias n'en parlent que rarement – généralement quand un drame survient –, mais les habitants des quartiers dits sensibles subissent au quotidien cette incapacité chaque jour plus criante à faire régner la sécurité. Il en est de même pour le ministre de la Santé ou le porte-parole du gouvernement qui se vantent d'avoir procédé à la meilleure gestion de la Covid de tout le continent européen, mais qui réagissent dans la panique aux pénuries de matériel ou de personnel dans les hôpitaux. Le même décalage entre discours et réalités de terrain se retrouve chez les responsables de la fonction publique qui prétendent sans vergogne, dans les matinales radio, que leurs services n'ont jamais autant œuvré pour la simplification administrative, alors que l'ensemble des Français continuent de crouler sous les documents incompréhensibles pour la moindre démarche.

Ce décalage n'a, je l'admets, rien de nouveau. Je me souviens d'Alain Juppé justifiant en 1997 sa volonté de dissoudre l'Assemblée nationale par l'amélioration de la situation économique et la baisse des taux d'intérêt qui en résultait. Au même moment, les vitrines de toutes les banques affichaient des taux aussi élevés qu'auparavant pour les emprunts des particuliers et des entreprises. Résultat : un échec cinglant aux législatives anticipées et une paralysie des cinq années restantes du mandat présidentiel ! Je pourrais citer bien d'autres exemples tout aussi révélateurs. Chacun d'entre vous en a certainement plusieurs en tête, avec toujours le même résultat. Il ne faut jamais prendre les Français pour des idiots. Ils ont de la mémoire… Cette distorsion réitérée entre parole officielle et actions mises en œuvre est largement à l'origine de la défiance des citoyens à l'égard des politiques. Ces derniers continuent pourtant de survaloriser leurs initiatives sans se préoccuper de leurs résultats concrets. Comme si leur seule raison d'être était de s'afficher dans les médias et – plus ou moins consciemment – de briller aux yeux de leur « patron ». Le reste est quantité négligeable.

La politique spectacle n'a que trop duré

La modestie n'a jamais été le fort des politiques, mais elle semble à présent être une qualité en voie de disparition. Et pour cause : l'immodestie est désormais l'unique tremplin pour faire sa place dans le paysage médiatique. Les égos surdimensionnés retiennent l'intérêt des journalistes comme sources de friction ou d'éclat. Par un cercle vicieux, cette attention conforte la tendance de ces personnalités à en faire encore davantage. Il faut être présent dans les médias pour gravir les échelons de la notoriété, jusqu'à devenir incontournable lors du prochain remaniement ministériel. Les plans de carrière ont remplacé les convictions. Les petites phrases suppléent la force du verbe. Le narcissisme a pris la place du devoir. Je ne supporte plus ces ministres qui, à peine nommés, ne songent qu'à la prochaine étape de leur parcours politique sans réfléchir à ce qu'ils pourraient faire d'utile dans leur responsabilité du moment. Leur seul horizon semble être devenu le pouvoir pour le pouvoir. L'idée qu'ils puissent ne plus être ministres dans le prochain gouvernement ne les effleure même pas, tant ils s'assimilent à leur statut. Où sont les nouveaux Cincinnatus, dont la légende prétend qu'il abandonna ses affaires personnelles pour libérer Rome, avant de rendre le pouvoir dès la crise résolue ? Il est vrai que la culture latine n'est pas une épreuve du concours de l'Ena !

Comment continuer à accepter cette pratique politique qui se rétrécit sans cesse en oubliant l'ambition d'une nation ? Comment croire en des dirigeants qui ont abandonné la nécessaire union du peuple autour d'une vision partagée ? Comment accorder sa confiance à des professionnels de la politique qui répudient la fierté d'être français au nom de leurs petits calculs carriéristes ? Comment se sentir représentés par des élus qui renient les grands principes de la république et de la démocratie en portant au rang de règles communes les desiderata de minorités médiatisées ? Privilégier la forme sur le fond et s'obstiner à transformer le débat en spectacle n'a pas été sans conséquences sur le fractionnement des Français, l'affaiblissement de la parole de la majorité au bénéfice des minorités.

Les chaînes d'information en continu et les réseaux sociaux ont amplifié le phénomène. Le choix des images, la sélection de ceux à qui l'on tend le micro pour exprimer leur opinion, l'information considérée comme intéressante ou écartée car jugée banale ou trop consensuelle ont, au moins, autant d'importance que le recrutement ou l'éviction d'un journaliste en raison de son positionnement idéologique. Cela vaut au niveau local quand France 3 choisit de couvrir une manifestation de trente participants, qu'ils soient pro-Basques, anti-passe sanitaire ou militants écologistes, plutôt qu'une cérémonie qui réunit trois cents personnes pour commémorer un fait militaire, inaugurer une bibliothèque ou soutenir une initiative destinée aux jeunes. Cela vaut pour les médias nationaux qui offrent des miroirs grossissants à des sujets ultra-minoritaires, comme la transsexualité, en les présentant comme une quasi-norme. Cela vaut pour les chaînes d'info qui monopolisent leur antenne pour des polémiques superficielles que tout le monde aura oubliées quelques jours plus tard. Cela vaut pour les intervieweurs qui préfèrent interroger leurs invités sur le buzz du moment plutôt que sur des questions de fond. Cela vaut pour les magazines qui consacrent leur une à un événement racoleur en le faisant passer pour un problème de société.

Le négatif, le dramatique et l'émotionnel sont toujours privilégiés, comme le disait très justement le journaliste Philippe Tesson il y a quelques années en déplorant cette évolution de son métier. Je suis convaincue qu'il n'y a pas de démocratie sans une information libre et aussi exacte que possible. Mais une telle information nécessite une profession qui soit à la hauteur de ses responsabilités. Beaucoup, au sein des rédactions, en sont conscients. Combien de journalistes du *Monde*, du *Point*, de France Inter ou de l'AFP ont pris ces dernières années une retraite anticipée parce qu'ils ne se reconnaissaient plus dans les pratiques d'une nouvelle génération qui néglige l'orthographe, la grammaire et la connaissance de l'Histoire autant que la règle de vérification des sources ? Nombre d'entre eux m'ont confié en tête à tête que la plupart de leurs jeunes confrères semblent avoir renié les grands principes du métier – pondération, objectivité et vérification de l'information – au bénéfice de l'immédiateté, de la spectacularisation des événements et d'une lecture subjective de la réalité. Il faut cependant reconnaître que ces « anciens » ont aussi une part de responsabilité, puisqu'ils appartiennent à la seule profession qui ait refusé, jusqu'à aujourd'hui, de se doter d'un simple code de déontologie.

De gré ou de force, et plutôt de gré que de force, les politiques ont contribué à cette évolution. Maîtrisant parfaitement les règles du jeu, ils sont en permanence à la recherche de la parole ou de l'action qui leur permettra d'apparaître dans les médias. À chaque occasion, incendie, meurtre, accident ou n'importe quel autre événement à même de susciter l'émotion, la réprobation, l'admiration ou la répulsion, une kyrielle de ministres se déplace. Il faut parfois un arbitrage à Matignon ou à l'Élysée pour éviter le surnombre et organiser le partage des rôles. Le Premier ministre et même le président de la République n'échappent pas à cette frénésie. Les Français, eux, ne comprennent pas toujours cette agitation et ce déploiement d'autorités. Ils pensent souvent que la présence du préfet serait suffisante et que les ministres feraient mieux d'agir loin des caméras pour anticiper, régler concrètement les problèmes et veiller à l'application de leurs décisions par leur administration. Les Français n'ont pas besoin de spectacle, ils ont besoin d'une amélioration du présent et de la construction d'un avenir. Ils ont besoin de reconnaître leurs préoccupations quotidiennes dans les analyses politiques. Ils ont besoin de réponses cohérentes avec leurs attentes et leurs aspirations, pas de langue de bois, de propos sans aspérités, de discours à l'eau tiède pour ne heurter personne.

Les calculs politiciens ne doivent plus guider la politique

Ma propre famille politique est loin d'échapper aux critiques. Le péché originel qu'elle commit fut la création de l'UMP en 2002. Cette décision restera comme l'une des pires stupidités stratégiques de toute l'histoire politique moderne. Avant cette erreur fatidique, la droite était composée de plusieurs formations ayant chacune sa propre identité : les gaullistes du RPR, les libéraux de DL, les centristes de l'UDF et les radicaux du Parti radical. Chaque organisation affichait clairement son idéologie. Nos différences ne nous empêchaient pas de conclure des accords de gouvernement et des alliances pour les différents scrutins, et l'addition des électorats représentait près de 60 % des suffrages.

Pourtant, certaines personnalités œuvraient en coulisses pour tenter d'imposer la création d'un parti unique de la droite, partant du principe qu'une telle structure permettrait de présenter à l'élection présidentielle un seul candidat qui serait automatiquement élu. Une telle idée a commencé à germer dès l'an 2000, lorsque j'étais à la tête du RPR. J'y étais totalement opposée et j'en avais fait part à Jacques Chirac, alors chef de l'État. Celui-ci m'avait rassurée en me confiant : « Comment voudrais-tu que j'adhère à un tel projet, alors que j'ai moi-même créé le RPR ? » Reste que plusieurs de ses proches sont tout de même parvenus à le convaincre deux ans plus tard, profitant de la stupéfaction provoquée par la présence de Jean-Marie Le Pen au second tour de la présidentielle.

Nous avons donc créé ce parti unique qui nous imposait à tous de tenir un langage unique. Nous avons ainsi imposé aux gaullistes, aux centristes, aux libéraux et aux radicaux de taire leur singularité et de renier leurs valeurs au nom de l'unité. Les conséquences n'ont pas tardé à se faire sentir : nos discours et nos propositions sont devenus de l'eau tiède et ont fait fuir nombre de nos électeurs respectifs. Ceux qui ne s'y conformaient pas risquaient la raillerie, la marginalisation, voire l'exclusion. Cela n'a fait qu'empirer au fil des années, durant lesquelles l'UMP n'a cessé de rétrécir, alors que des personnalités de droite partaient recréer leurs petites formations sans retrouver leur lustre d'antan. Après l'élimination des autres candidats par Valérie Pécresse, la donne a-t-elle changé ? Le fait de présenter une femme à la présidentielle est sans doute un atout, mais peut-il jouer à lui seul un rôle décisif au moment de l'élection ? Cette stratégie a permis à Ségolène Royal d'arriver au second tour en 2007 (mais le Parti socialiste était à l'époque très dynamique). Pourtant on a bien constaté que le sexe du candidat ne suffit pas. Un programme cohérent, porteur d'espoir et d'enthousiasme, de vision d'avenir pour notre société est nécessaire. S'en remettre au parti pour l'élaborer n'en garantit pas le succès, si cela ne conduit qu'aux compromis entre tendances idéologiques et qu'à la recherche des satisfactions immédiates à donner à telle ou telle catégorie d'électeurs.

Il faut de plus une cohérence avec la personnalité du candidat. Et cette personnalité doit allier conviction sincère, charisme, empathie réelle à l'égard des Français.

Depuis la création de l'UMP, trois présidents de la République ont été élus. Un seul d'entre eux était issu de notre famille politique : Nicolas Sarkozy. Devait-il son élection à ce prétendu parti unique de la droite ? Non, il n'avait recueilli une majorité de suffrages qu'en raison de sa personnalité, en s'affranchissant des nouveaux dogmes et en imposant un éphémère retour aux fondamentaux dans un certain nombre de domaines. L'UMP s'est ensuite transformée en Les Républicains, mais le parti ne s'est pas redressé pour autant. Un contingent de nos électeurs s'est tourné vers le Rassemblement national, d'autres ont rejoint Emmanuel Macron et le reste se désespère de l'affligeant spectacle que nous leur imposons mois après mois. De rivalités de personnes ou d'écuries en complaisances à l'égard des groupes les plus radicaux, de renoncements aux grands principes en démagogie opportuniste, le parti n'est plus identifiable.

Pour ma part, je m'étais mise une première fois en congé du parti durant huit mois, lorsque la direction avait décidé d'organiser une primaire pour désigner notre candidat à la présidentielle de 2017, tant cette perspective était en opposition frontale avec les valeurs de notre mouvement. La suite des événements m'a convaincue que j'avais eu raison. Quel pourcentage d'électeurs se sent encore représenté par notre parti ? Qui parmi nos dirigeants oserait parier ce qu'il a de plus cher sur notre victoire à la présidentielle, alors que l'ensemble des enquêtes d'opinion laissent dubitatif ? Si notre parti héritier de Charles de Gaulle, Georges Pompidou et Jacques Chirac ne veut pas devenir à jamais un simple groupuscule, il doit se ressaisir avant qu'il ne soit trop tard, si ce n'est déjà le cas. « La fidélité dans la sottise est une sottise de plus », écrivait Vladimir Jankélévitch. Cette triste comédie a suffisamment duré : mettons fin à cette coquille vide de parti unique et récréons nos structures respectives afin de revenir à nos valeurs, reconquérir nos électeurs et nous réunir sur un vrai socle de gouvernement.

L'administratif ne doit plus dicter sa loi au politique

Je me désespère d'une vie politique dominée par des logiques administratives. Elles se substituent à la suprématie de la décision politique, font prévaloir la gestion au jour le jour sur les stratégies de long terme. Elles appliquent des règles générales et impersonnelles au détriment de la réalité humaine, ignorant le bon sens comme les aspirations individuelles. Dans son essence même, la politique consiste à prendre des décisions, à trancher entre des intérêts contradictoires, à analyser les réalités du jour et à les mettre en perspective avec les enjeux futurs. La politique, c'est prévoir et agir dans l'intérêt général. Les autres pouvoirs sont logiquement – et même légitimement – au service d'intérêts sectoriels, économiques, sociaux et culturels et en charge de la gestion quotidienne pour l'administration. Si l'on supprime le pouvoir politique, on fait disparaître le collectif et la vision à long terme. C'est pourquoi le politique doit exercer pleinement sa mission sans être supplanté par un autre pouvoir, notamment administratif ou économique.

À vrai dire, c'est bien le comportement des responsables politiques désignés par le peuple qui fait la différence. Je l'ai constaté à plusieurs reprises dans ma vie ministérielle : si l'on veut, on peut ; et surtout, si l'on ne veut pas, on n'est pas obligé de se laisser imposer le bon (ou le mauvais) vouloir de son administration. Quand je suis arrivée au ministère de la Jeunesse et des Sports, j'avais une idée précise sur une mesure que je souhaitais mettre en œuvre pour la jeunesse. Le directeur de ce secteur est venu me voir et m'a expliqué très poliment que mon idée était bonne, mais impossible à mettre en place. Je savais qu'il n'en était rien, mais que l'administration était réticente car elle y perdrait une part de son pouvoir discrétionnaire. J'ai répondu au directeur que je comprenais qu'il ne voulût pas exécuter ma décision et que ce serait donc son successeur, que je nommerais dès le lendemain, qui le ferait. De ce jour, je n'ai plus jamais enregistré de semblable réaction de la part d'un directeur, quel que soit le ministère que j'occupais. Pour autant, en discutant avec nombre de mes collègues ou en observant les distorsions entre les annonces des ministres et les mesures mises en œuvre, je constate que bien peu d'entre eux savent s'imposer à leur administration, qui applique ses propres choix et critères. Le redressement ne peut être que politique et ne peut venir que de la politique. Encore faut-il être à la hauteur.

C'est la médiocrité rampante, la déshumanisation progressive qui m'ont fait choisir en 2019 de prendre mes distances avec la vie électorale. Ce que je voyais de près m'inquiétait, ce que j'observe désormais de loin me consterne. Les politiques gèrent le plus souvent avec un temps de retard les réalités qui s'imposent à eux. Ils n'anticipent rien, ne maîtrisent plus les événements, ne dirigent pas. Face à de tels renoncements, comment pouvais-je encore m'inscrire dans cette logique ? Participer à une vie politique impuissante à faire bouger les lignes, à construire l'avenir, ne m'intéressait plus. À quoi bon tenter de faire entendre une voix dissidente dans le brouhaha bien-pensant et suiviste, s'il est impossible d'agir ? À quoi bon épuiser son énergie à essayer de transformer une société qui se complaît dans un brouet idéologique et culturel sans ambition ni direction ? Je ne suis pas la seule à avoir été frappée par de tels doutes. Ce sont des questions que se posent souvent les politiques qui sont les plus impliqués, ceux qui ont le plus envie de faire bouger les logiques en place et qui se heurtent au mur des habitudes, du conformisme et de la paresse.

Une telle situation ne peut qu'être renforcée par la chasse à la réussite menée de plus en plus par les réseaux sociaux, certains médias comme *Le Canard enchaîné* ou Mediapart, certaines structures du ministère des Finances (je mets à part la direction du Trésor) et certains magistrats qui n'hésitent plus à afficher leurs idées politiques « de gauche », comme le déclarait sans vergogne l'ancienne présidente du Syndicat de la magistrature (SM). Un journaliste du *Canard enchaîné* a révélé – peut-être sans en avoir conscience – la ligne de conduite de son hebdomadaire en avouant que dès qu'un politique paraissait émerger du lot, le journal commençait à constituer un dossier sur lui, c'est-à-dire *contre* lui. Avis aux amateurs… Agir dans l'intérêt général et pour la France vous expose donc aussitôt à une surveillance permanente de votre vie publique et privée, voire à une chasse aux sorcières favorisée par l'usage incontrôlé des réseaux sociaux.

Alors, oui, comme d'autres qui préfèrent la tranquillité confortable d'une vie dans l'ombre, j'ai moi aussi eu la tentation de dire : qu'ils se débrouillent, j'ai déjà donné ! Si j'ai le sentiment que les responsables politiques se trompent, c'est leur affaire ! Je ne veux pas non plus tomber dans la trop fréquente attitude de ces anciens ministres ou ex-maires qui voient dans leur prédécesseur un incompétent et dans leur successeur un ambitieux. Le plus simple serait de me consacrer à une vie active dans des domaines où les relations sont agréables autant qu'intéressantes et de laisser les événements politiques se dérouler en les considérant comme étrangers. C'est ce que font un grand nombre d'électeurs de tous âges et de toutes conditions sociales. Cela s'appelle l'abstention : 66 % aux dernières législatives, combien à la prochaine présidentielle ? Mais ne rien faire, c'est aussi s'en remettre à une fatalité de décadence, c'est donner les pleins pouvoirs à tous ceux qui portent les logiques du déclin de notre pays. Et un tel déclin signifie aussi la dégradation des conditions de vie de chacun.

Alors que faire ? Que proposer ? Baisser les bras comme beaucoup ? C'est confortable, mais contraire à mon tempérament et à mon éducation. Me relancer dans la vie politique ? La course aux postes ne m'a jamais intéressée : on m'a proposé les fonctions que j'ai exercées avec bonheur, mais je ne suis jamais allée les quémander, les exiger, les négocier. Aujourd'hui, j'ai encore moins d'appétence pour ces jeux de carrière. Dire ce que je sais, partager mon expérience, transmettre l'envie de faire bouger les lignes, telle est désormais ma façon de peser, d'être ce petit caillou qui fera dévier un tant soit peu du chemin de la routine, de quelques millimètres au départ, mais peut-être de dizaines de kilomètres à l'arrivée. Proposer, montrer les possibles, ramener du bon sens et de l'ambition collective, c'est désormais ma façon de participer au débat politique, en m'efforçant de le tirer vers le haut, plutôt que de le laisser s'enliser dans la démagogie. Vouloir lutter contre les dérives actuelles ne signifie pas rejeter la politique.

Revenons aux fondamentaux de la Ve République !

Relever les défis de demain exige de sortir des méthodes de la politique telle qu'elle est pratiquée aujourd'hui. Les réponses ne peuvent se trouver que par une politique qui abandonne la routine de la gestion pour retrouver l'élan, l'ambition, pour susciter l'adhésion, pour entraîner les Français. Une politique mise en œuvre par des femmes et des hommes pour qui les mots abnégation, hauteur de vue, bon sens, écoute et vision remplacent la logorrhée technocratique et les calculs à court terme. Car ce pays mérite mieux, beaucoup mieux que cette lente dégradation, que ce repli sur soi, que cette crainte paralysante. J'enrage de voir tant d'occasions perdues. J'en ai assez des défaitistes, des déclinistes et autres pessimistes. La France possède tous les atouts pour aborder les défis du siècle à venir, pour retrouver sa place de puissance économique et politique, pour continuer d'être respectée dans le monde, pour y jouer un rôle d'équilibre, de pacification et d'épanouissement. Pour les mettre en œuvre, notre pays a besoin de dirigeants capables de renverser la table, sans pour autant ignorer les fondements mêmes de l'unité de la nation, ainsi que les élans qui ont fait sa force et sa grandeur.

Revenons aux fondamentaux de la Vᵉ République ! Ils ont permis à la France de sortir du marasme dans lequel la IVᵉ République finissante embourbait le pays. La Constitution de 1946 et les usages qu'elle imposait décourageaient les initiatives, encourageait les poujadismes, confortait l'opposition entre les groupes sociaux, sapait la souveraineté et laminait l'influence de la France. La Vᵉ République, dans un sursaut qui a entraîné une très large majorité, a permis d'écarter le spectre d'une guerre civile, mais elle a surtout stabilisé les institutions et donné un élan politique autant qu'économique à notre pays. S'appuyant sur ses atouts de l'époque, la France a relancé son agriculture. En voyant loin, elle a lancé des programmes qui l'ont conduite à l'indépendance énergétique grâce au nucléaire. Elle a conquis l'indépendance politique et économique par la dissuasion, les industries de défense, Ariane, le TGV, le Concorde et une industrie automobile à nouveau conquérante. N'en déplaise à ses contempteurs qui voudraient la ringardiser, la Constitution de 1958, par l'équilibre des pouvoirs qu'elle institue, m'apparaît bien adaptée au monde de concurrences, de rivalités et de tensions politiques que nous connaissons aujourd'hui. Elle est bien plus appropriée aux enjeux actuels que les vagues contours d'une improbable VIe République qu'appellent de leurs vœux les uns ou les autres, au prétexte de modernisme, mais sans perspectives autres que politiciennes. Ce sont ces propositions de réforme constitutionnelle qui sont ringardes et qui, si on les examine bien, renvoient toutes à l'affaiblissement du pouvoir politique et de l'autorité, ainsi qu'aux errements de la IVe République.

La base des institutions votées en 1958, c'est le président de la République. Pas un président fantoche, pas un président « normal » à la Hollande, pas un président pour les caméras, mais un président élu pour montrer le cap, partager sa vision de la France et mettre concrètement en œuvre ses orientations. Ceux qui ne sont pas capables de prendre cette dimension et de servir leur pays à l'aune de cette fonction, telle qu'elle est définie par notre Constitution, ne devraient même pas envisager de se présenter devant les électeurs pour le scrutin présidentiel.

2

Agissons pour le long terme

J'ai la chance d'avoir eu une carrière universitaire, ministérielle et parlementaire, au cours de laquelle je ne me suis jamais ennuyée. J'ai eu l'occasion de travailler avec des personnalités fortes, engagées, passionnées, qui partageaient ou non mes idées. Mes fonctions m'ont fourni l'occasion de fréquenter des milieux et de découvrir des activités humaines d'une variété inouïe, qu'aucune autre profession ne m'aurait permis d'aborder. Je connais peu de professeurs de droit qui aient été appelés à connaître aussi bien les problématiques de la maille du filet pélagique, de l'approvisionnement en eau d'un minuscule village afghan, de la culture du maïs transgénique, des enjeux de la sécurité spatiale, de la reconversion des sportifs de haut niveau, de la prévention des incendies d'été, de l'économie touristique outre-mer, de la médecine scolaire, de la superficie nécessaire à la création d'un lycée, du partage des richesses du plateau continental, des tensions sino-japonaises ou des exigences des architectes des Bâtiments de France en matière de tuiles pour les toits des églises…

En tant que maire, conseiller général, député, ministre et ministre d'État, j'ai découvert à chaque étape de mon parcours des aspects trop souvent méconnus des réalités de notre pays et de la vie quotidienne des Français. Mon expérience s'est au fil des années étendue au champ international. J'y ai fait la connaissance de personnalités qui ont marqué et marqueront l'histoire de leur pays, en bien ou en mal, des chefs d'État ou de gouvernement dont certains étaient hauts en couleur : Fidel Castro, qui m'a parlé durant les sept heures d'un déjeuner à l'ambassade de France à La Havane des grands écrivains français et de sa vision de la capitale française qu'il rêvait de visiter ; Vladimir Poutine, bien plus direct et détendu qu'on ne le perçoit à travers la télévision ; Omar Bongo, impliqué dans tous les développements politiques du continent africain et grand connaisseur des détails publics et privés de la vie des politiques français ; Gerhard Schröder, un homme déterminé et pragmatique face aux exigences économiques et sociales, mais aussi courageux et ferme dans ses décisions ; José María Aznar, que j'ai connu timide et effacé, avant qu'il ne prenne le leadership d'une droite espagnole décomplexée et se rapproche des États-Unis ; Hu Jintao, qui s'est révélé lors des six ou sept tête-à-tête que nous avons eus fin connaisseur de la psychologie occidentale, guidé par une vision à long terme de l'évolution de son pays et doté d'un humour insoupçonné ; Barack Obama, toujours dans la séduction, mais très à l'écoute de ses conseillers pour le domaine international. Je pourrais aussi évoquer George W. Bush, Hosni Moubarak, le roi Zaher Shah d'Afghanistan et tant d'autres. Je n'oublie pas, bien sûr, Angela Merkel, avec qui j'ai commencé en politique lorsque nous étions toutes deux des ministres novices à la Jeunesse et aux Sports, avant d'être élues à la tête de nos partis respectifs des années plus tard. Toutes les fonctions que j'ai occupées m'ont permis de rencontrer ces dirigeants du monde entier, et le fait d'être une femme de les voir parfois se défaire de leur personnage officiel.

Bannissons le court-termisme

Est-ce parce que j'ai été privilégiée dans mes fonctions durant tant d'années que la vie politique nationale me paraît aujourd'hui un peu fade et, pour tout dire, pas à la hauteur des grands défis qui se dressent devant notre pays et le monde ? Je n'ai aucune nostalgie du passé. Au contraire : je ressens une grande curiosité pour ce qui arrive, ce qui se crée. Je me sens concernée par l'impact des événements sur notre vie quotidienne, souvent négatifs hélas : Covid, réchauffement climatique, réseaux sociaux, vols habités dans l'espace, cybersécurité. C'est justement parce que je continue d'être aux premières loges des transformations du monde que j'ai le sentiment que les politiques de notre pays ne sont pas suffisamment à la manœuvre pour mettre en œuvre les évolutions nécessaires, comme ce fut le cas lors des premières années de la Ve République avec les politiques novatrices sur l'énergie nucléaire, le TGV, Ariane ou Airbus. Pourquoi ? Notre classe politique souffre désormais d'un mal profond qui lui interdit toute ambition : elle se limite la plupart du temps à traiter les sujets du moment au lieu de regarder au-delà.

C'est évidemment le rôle des dirigeants politiques de répondre aux urgences et de trouver des solutions rapides aux problèmes qui nuisent au quotidien de nos concitoyens. Mais se contenter de gérer au jour le jour des difficultés – le plus souvent en débloquant des budgets plus ou moins limités – revient à accepter que celles-ci se reproduisent continuellement, puisque l'on traite seulement les effets et non les causes. Tel Sisyphe condamné par Hadès à pousser un rocher gigantesque jusqu'au sommet d'une montagne, avant qu'il n'en roule et de le remonter par l'autre versant, nos dirigeants déboursent des milliards pour une urgence sans rien résoudre du facteur qui l'avait engendrée, puis s'en vont dilapider d'autres milliards pour une nouvelle urgence qu'ils ne résoudront elle aussi que temporairement. Changer la donne impose de réfléchir non pas au lendemain, mais à ce qu'il adviendra dans plusieurs années ou plusieurs décennies. Pour cela, le chef de l'État nouvellement élu ne devra pas repousser à plus tard les transformations profondes du pays, mais, au contraire, les mener au plus vite. Les deux premières années d'un mandat présidentiel sont cruciales pour impulser les réformes et l'élan indispensable à une perspective d'avenir. Ensuite, c'est trop tard. Les freins de toutes sortes – catégoriaux, syndicaux, administratifs, médiatiques – se mettent en place. Aucun n'y résiste. C'est pourquoi les vingt-quatre premiers mois sont cruciaux. Ils doivent être utilisés au mieux pour entreprendre les mesures les plus difficiles à mettre en œuvre, et non perçus comme un simple tour de chauffe.

La feuille de route du futur président, voici donc comment je la conçois. Le projet présidentiel doit en premier lieu bannir ce court-termisme qui est depuis toujours la plaie des exécutifs. On peut comprendre qu'une telle vision du pouvoir relève de la mission de gestion quotidienne de Matignon et des ministères. Elle est évidemment utile, mais accapare les énergies et laisse peu de temps à la réflexion, ainsi qu'à la projection dans le futur. C'est pourquoi le chef de l'État ne doit jamais se laisser aller à cette vision restrictive de son rôle de dirigeant. Durant la campagne présidentielle, les candidats cherchent à répondre positivement aux demandes catégorielles des artisans, instituteurs, retraités, infirmières, sportifs, pêcheurs... pour leur donner l'impression qu'ils sont écoutés, même si cela ne dure que le temps des promesses électorales. Par là même ils ne se montrent en rien à la hauteur de la fonction présidentielle, ni au niveau des exigences d'une France qui prépare son avenir et celui de ses citoyens.

Or, depuis quelques décennies, telle est justement la grande faiblesse de la présidence de la République. L'Élysée a tendance à s'impliquer dans tous les événements, même mineurs, à gérer au jour le jour au lieu d'être le garant des principes fondamentaux qui assurent la cohésion de la nation, au lieu d'anticiper les défis, au lieu de projeter le pays dans l'avenir. D'autres États savent le faire. La Chine a déjà défini sa vision de 2035, les États-Unis se projettent dans la conquête et l'exploitation de l'espace, les dirigeants de l'Arabie saoudite, des Émirats ou du Qatar déclinent à chacune de mes rencontres leur vision de 2030 et préparent depuis longtemps l'après-pétrole. La France, depuis des années, n'anticipe pas au-delà de quelques mois, ne projette rien, ne prépare rien, si ce n'est dans quelques discours lyriques qui ne trompent personne. Sa projection la plus lointaine porte sur le dossier des retraites, mais seulement sous la pression des chiffres lui rappelant le déficit à venir et ses conséquences inéluctables. Et cela n'empêche pas pour autant les réformes en question d'être sans cesse reportées…

Dans l'ensemble des domaines qui imposent une vision à long terme, nos dirigeants se révèlent incapables de prendre des décisions courageuses, de tenir un langage de vérité, d'imaginer des solutions novatrices et de lancer des réformes structurelles pour les décennies à venir. Pourquoi ? Parce que la pusillanimité gangrène notre classe politique. Les hommes et les femmes qui dirigent ou ambitionnent de diriger la France vivent dans l'angoisse sondagière de fâcher une partie de la population, surtout si la partie en question sait faire entendre sa contestation. Un exemple emblématique : pourquoi s'obstiner encore en France à faire croire que nous nous dirigeons vers la fin du nucléaire, alors que tout le monde sait que ce n'est ni envisageable ni souhaitable ? Face aux défis énergétiques de demain, la mesure la plus révolutionnaire consiste à reprendre des investissements entrepris il y a soixante ans et inconsidérément abandonnés il y a trente ans au bénéfice des éoliennes… Même si le gouvernement en place a enfin fait un tant soit peu machine arrière dans ce domaine, le non-sens absolu de la fin du nucléaire continue d'être un refrain dans le débat public. Même lorsque Emmanuel Macron annonce qu'il veut investir dans des « mini-centrales », il donne le sentiment de colmater des brèches plus que de mettre en œuvre une vision à long terme. Pourquoi tant de pudeur ? Dans la course à la décarbonisation de l'énergie, il est évident que le nucléaire n'est pas seulement une solution parmi d'autres mais la réponse centrale.

Ceux qui osent prétendre le contraire sont, si ce n'est de doux rêveurs, des incompétents, des démagogues ou des partisans d'un retour à une civilisation sans électricité.

Quant aux sources d'énergies renouvelables, si elles ne sauraient suffire à elles seules à répondre aux besoins, il est évident qu'elles doivent être développées. Mais, là encore, pas seulement pour permettre à des ministres de s'enorgueillir d'effets d'annonce sans lendemain ! L'amplification des énergies renouvelables doit faire l'objet d'une réflexion à long terme en prenant en compte tous les paramètres qui freinent le processus. Que l'on demande à EDF de développer son secteur électrique issu de son réseau hydraulique, c'est tout à fait louable. Mais si, au nom d'impératifs environnementaux, l'État impose dans le même temps à l'entreprise publique des contraintes extrêmement lourdes pour y parvenir, cela tue dans l'œuf l'objectif initial. C'est le cas, par exemple, lorsque le réseau hydraulique a interdiction de gêner les poissons qui remontent un cours d'eau (échelles à saumons, par exemple). Dans tous les ministères, chaque service qui traite de questions liées de près ou de loin à la transition écologique mène sa propre politique. Existe-t-il une cohérence entre elles ? Pas toujours. Certaines injonctions sont-elles contradictoires ? Oui, très souvent. Aux yeux de ministres ou de hauts fonctionnaires qui gèrent les affaires courantes en estimant qu'il incombera à leurs successeurs de régler les problèmes qui viendraient à se poser dans un avenir proche, ce manque d'ambition est déjà consternant. Mais pour un président de la République à qui l'on a confié le destin d'un État et d'une nation, ne pas chercher à voir plus loin devient presque totalement irresponsable.

Prenons exemple sur d'autres pays

Il ne peut y avoir d'ambition sans une vision à long terme. Ce n'est pas le nez sur le guidon que l'on peut imaginer l'avenir et le construire à partir du présent. Telle est pourtant la grande lacune des projets présidentiels. Si les colloques, lanceurs d'alerte et officines de recherche se multiplient depuis quelques années dans les secteurs environnemental, alimentaire et sécuritaire, peu de conséquences en sont tirées pour la mise en œuvre de politiques volontaristes et échelonnées sur une ou deux décennies. À vrai dire, peu de grands *think tanks* existent dans les pays francophones, et les rares qui ont émergé sont peu écoutés. Les organismes publics, telle la DGRIS[1], délégation commune aux ministères de la Défense et des Affaires étrangères, se plaignent que leurs rapports ne soient presque jamais lus par les décideurs. D'autres, comme la cellule créée en 2008 au ministère de l'Intérieur, ont même été abandonnées. Les structures privées, tel l'Ifri, ont une diffusion souvent confidentielle et bénéficient de peu de soutien étatique. Leurs analyses sont souvent jugées comme de simples spéculations détachées des réalités des entreprises ou des priorités étatiques.

Quand on compare cette situation avec le statut des centres de recherche américains, et plus largement anglo-saxons, on constate que l'avance technologique qui s'agrandit ne tient pas seulement aux moyens financiers rendus disponibles par le gouvernement américain. Elle s'appuie surtout sur des choix politiques visant à

1. Direction générale des relations internationales et de la stratégie du ministère de la Défense.

privilégier le long terme ! Les investissements directs, ou encouragés par l'État, dans les technologies du futur ont pour objectif d'assurer à vingt ou trente ans une suprématie technique, mais surtout économique et politique. C'est vrai de façon évidente pour les États-Unis, ça l'est aussi pour la Chine et la Russie. Lors de mes discussions avec eux, j'ai toujours été frappée de voir combien mes interlocuteurs gouvernementaux chinois mettaient leurs actions présentes dans une perspective de dizaines ou même de centaines d'années. J'ai en mémoire mes échanges avec Hu Jintao, le président chinois. Nos discussions avaient généralement lieu dans les immenses salles très colorées du Palais, où nous étions assis côte à côte sur deux des sièges alignés le long des murs, conformément à la tradition. Cette proximité et l'éloignement relatif de nos collaborateurs permettaient un ton assez libre, parfois même des traits d'humour. J'ai été marquée par ces échanges sur la mise en perspective, à la fois historique et prospective, de toutes les questions que nous abordions. La situation sociale, l'écart grandissant entre une classe paysanne dont les revenus stagnaient à quelques dizaines de dollars et les tycoons au train de vie extravagant, Taïwan, l'aspiration à la liberté, l'Afrique… Rien dans ses analyses ne se limitait à l'année en cours ni aux trois ou cinq ans à venir. Chaque explication d'action s'inscrivait dans une perspective qui allait de la décennie au siècle à venir. J'en ai tiré cette idée qui m'a toujours guidée : on ne peut gouverner sans que la vision des dix ou vingt prochaines années n'éclaire chaque décision d'aujourd'hui.

Ce n'est pas l'actuel Haut-Commissariat au Plan qui peut être à même de répondre à cette exigence. Il reste inaudible sur les grands enjeux de long terme. Lui si présent sur les questions de stratégie électorale n'émet que des constats d'évidence, tel : « Les Français n'échapperont pas à une réforme des retraites » ou ne fait que préconiser la suspension des soignants réfractaires au vaccin contre la Covid. On l'a connu pus imaginatif ! Même à propos de l'Europe il demeure très timoré dans ses analyses prospectives. Le problème est qu'il est censé conseiller le président de la République sur les actions à mener dans une perspective qui couvre au moins les vingt prochaines années.

Regagnons notre indépendance industrielle

C'est dans les périodes de crises majeures que les faiblesses prospectives d'un État deviennent les plus flagrantes. La crise de la Covid a ainsi souligné notre degré de dépendance industrielle vis-à-vis des pays asiatiques, et pas seulement pour la fourniture de masques. Des puces électroniques aux matériaux de construction, tous les secteurs économiques ont été affectés par des difficultés d'approvisionnement. Tel est le résultat d'un abandon de notre industrie depuis plusieurs décennies, au motif que notre pays gagnerait à faire fabriquer ses biens à l'extérieur en privilégiant une économie dominée par le secteur tertiaire. Notre propre développement est donc devenu dépendant des aléas extérieurs. Pouvons-nous continuer ainsi ? Bien sûr que non ! Abandonner l'essentiel de notre industrie fut une erreur monumentale, due en grande partie à une soumission aux dogmes du moment. Mais même les pires erreurs peuvent se réparer, dès lors que l'on accepte de regarder la réalité en face. Il est désormais acquis que notre avenir ne peut s'écrire sans revenir à une véritable politique industrielle. Cela ne signifie pas pour autant que nous devons fabriquer sur notre sol l'ensemble des produits que nous consommons. Mais nous devons produire et exporter suffisamment pour que les autres pays exportateurs dépendent autant de nous que nous dépendons d'eux. Cela rétablirait un équilibre des forces et nous permettrait de peser davantage dans les échanges internationaux, plutôt que de devoir accepter ce que l'on nous impose. Il n'est pas de pires règles que celles auxquelles on doit se soumettre sans avoir participé à leur élaboration. Telle est la malédiction des États qui n'ont rien à mettre dans la balance lorsque survient le rapport de force.

J'ai pu constater à quel point cette donnée était essentielle à l'époque où j'étais ministre de la Défense. En pleine guerre d'Irak, alors que notre industrie navale avait besoin de pièces de catapultage pour notre futur porte-avions décidé par Jacques Chirac, les Américains traînaient les pieds pour répondre favorablement à notre demande. Or, de leur côté, les États-Unis avaient besoin de faire appel à nos infrastructures pour une expérimentation nucléaire. Nous avons donc pu mener une négociation sur un pied d'égalité, à l'issue de laquelle chacun a obtenu ce qu'il souhaitait.

La réindustrialisation de notre pays est également nécessaire dans la perspective de la transition écologique. Même si cela peut sembler contre-intuitif et nécessite de réfléchir à long terme, produire à l'intérieur de nos frontières est le meilleur atout pour faire baisser notre bilan carbone. Mieux vaut en effet faire fabriquer au plus près des consommateurs des produits qui respectent les normes environnementales par le biais de nouvelles filières vertes et innovantes, plutôt que d'importer à grand renfort de gaz à effet de serre une multitude d'objets fabriqués dans des pays qui utilisent des procédés parmi les plus polluants. Cela nous impose aussi de mener d'importants investissements dans la recherche et le développement afin d'inventer des processus permettant de produire de manière plus écologique et de développer des biens moins polluants à l'usage.

Comment apporter des réponses pérennes à cette exigence de se projeter dans l'avenir, mais aussi de faire preuve d'audace ? Après avoir été longtemps à la pointe de l'innovation industrielle au cours des trois décennies d'après-guerre, nous semblons désormais nous croire condamnés à jouer les seconds rôles. Même dans les domaines où nos entreprises apparaissent très performantes, comme l'espace, nous continuons d'être à la traîne, refusant d'entreprendre le saut technologique qui nous permettrait de prendre de l'avance sur les autres. Si cette inaptitude à se dépasser doit beaucoup aux freins réglementaires qui rongent notre pays – j'y reviendrai –, elle s'explique aussi par l'absence d'ambition de nos dirigeants. Viser les sommets nécessite qu'un guide ouvre le chemin, que les parcours soient mieux balisés et que les objectifs soient clairement définis. Tel doit être le rôle du prochain chef de l'État.

L'impératif de projection dans l'avenir n'est pas caractéristique du seul domaine économique ou écologique. Il concerne aussi notre sécurité.

Ne nous voilons pas la face sur le terrorisme

N'ayons pas peur de regarder la réalité en face : la menace terroriste est très loin d'avoir disparu. Si abominables que soient les attentats que nous avons subis sur notre sol ces dernières années, d'autres événements tragiques risquent de survenir encore. Nous devons donc être conscients que la lutte contre le terrorisme doit non seulement se poursuivre, mais qu'elle devra aussi prendre d'autres formes si nous voulons en finir un jour.

J'ai assisté à l'évolution du terrorisme islamiste à partir de la guerre d'Irak, alors que j'étais ministre de la Défense. Celui-ci est progressivement passé de structures quasi pyramidales, comme l'était Al-Qaïda sous l'égide de Ben Laden, à des systèmes bien plus diversifiés. Non seulement les groupes terroristes sont de plus en plus nombreux, mais ils se concurrencent ou se mélangent à l'occasion et diffusent leur influence à travers le monde. La situation actuelle de l'Afghanistan en est une illustration aussi dramatique pour les Afghans et les Afghanes que révélatrice du simplisme de certaines analyses du terrorisme. Après la chute de Kaboul prise de façon ahurissante aux Américains, on voit désormais se multiplier les attentats de l'État islamique contre le gouvernement taliban même qui perpétrait des actions terroristes dans le pays jusqu'au mois d'août 2021. Un autre élément doit absolument être pris en compte : le terrorisme a hélas bien davantage de souplesse dans l'action que ceux qui le combattent. J'ai pu constater à quel point c'était vrai lors de la guerre contre l'État islamique en Irak. Nos militaires avaient alors besoin de drones pour des opérations de renseignement, mais se retrouvaient confrontés à l'interdiction d'utiliser des drones armés. Et, en tout état de cause, ils devaient suivre une procédure de plusieurs mois pour obtenir de tels appareils. En face, les terroristes utilisaient des drones pour enfants sur lesquels ils fixaient des grenades qu'ils lâchaient au-dessus de nos soldats…

Lorsque j'étais au gouvernement, j'ai également assisté à un changement de fond dans les objectifs des terroristes : désormais, ils ne tuent plus seulement pour abattre des individus, mais pour provoquer l'effroi chez l'adversaire, l'admiration de leurs soutiens et faire adhérer de plus en plus de sympathisants à leur idéologie. À leurs yeux, le but n'est donc plus l'action de tuer en elle-même, mais les conséquences de cette action, notamment à travers la médiatisation qui en sera faite. Les organisations terroristes trouvent refuge dans des zones grises des États défaillants et utilisent tous les systèmes de communication existants pour diffuser leur propagande et analyser les réactions à leurs actions. Depuis l'autre bout du monde, ils peuvent donc fanatiser des ressortissants de n'importe quel pays, sur n'importe quel territoire, afin de les pousser à commettre des crimes en leur nom avec des desseins très précis. Le 13 novembre 2015, les terroristes qui ont attaqué le Bataclan et assassiné plus d'une centaine de nos concitoyens n'avaient pas pour seule préoccupation de tuer des êtres humains, mais de viser un lieu festif qui symbolisait à leurs yeux notre mode de vie. C'est pour cette raison qu'ils s'en sont pris le même soir à des terrasses parisiennes et qu'ils ont entrepris de faire exploser une bombe dans le public du Stade de France un soir de match de football. Le message était limpide : « Vous n'êtes en sécurité nulle part, vous ne pourrez plus jamais vous amuser sans craindre pour vos vies et celles de vos enfants ! »

Avec les trop nombreuses attaques terroristes commises par des individus isolés qui ont suivi, nous avons ensuite reçu un autre message tacite : « N'importe quelle personne qui réside sur votre sol peut vous attaquer en notre nom. » Les terroristes ne sont plus seulement des membres d'un groupe officiel en contact les uns avec les autres, ils peuvent être n'importe quel fanatisé qui s'est radicalisé en regardant des vidéos sur son téléphone et qui se lève un matin en prenant un couteau pour attaquer des policiers, des professeurs, des enfants, des collègues de travail ou n'importe quelle autre cible dont le sang versé servirait la cause djihadiste.

Chaque Français vit désormais avec l'idée que lui ou ses proches pourraient compter parmi les prochaines victimes. À l'époque où j'étais ministre, les terroristes réalisaient des vidéos pour apprendre à constituer une bombe. Ils n'ont désormais même plus besoin de le faire car un camion, un fusil ou même un couteau de cuisine dans les mains d'un fanatique peut presque atteindre les mêmes objectifs en matière de propagande. N'importe quel sommet international, événement sportif, meeting politique, fête populaire ou grand magasin peut être ciblé. Dès qu'une foule se réunit, aussi petite soit-elle, un individu peut sortir une arme et tuer. Pour les instigateurs, même un nombre limité de victimes devient une victoire de leur entreprise sanguinaire, puisque les images en seront diffusées à travers la planète. Tout acte terroriste distille la peur et convainc des illuminés de prendre la relève.

En tant que ministre de la Défense puis de l'Intérieur, lorsque je rencontrais mes homologues dans le cadre de réunions de l'Union européenne, je répétais sans cesse que plus aucun pays n'était à l'abri. Je n'avais pourtant pas conscience que la barbarie terroriste prendrait une telle ampleur au cours des années suivantes. Néanmoins, un très important travail de l'ombre a été entrepris, avec l'implication sans faille de nos forces armées et de nos services de renseignement. De nombreux attentats ont ainsi pu être évités. Mais un triste constat s'impose de lui-même : cela ne suffit pas.

Il n'existe pas de solution absolue qui nous débarrasserait des terroristes en quelques années, mais le combat doit se poursuivre selon plusieurs axes. Nous devons d'abord continuer à lutter contre le terrorisme aussi bien à l'étranger qu'au sein de notre propre société. Le monde n'a peut-être jamais été aussi peuplé de zones grises où les organisations terroristes fourmillent. Il s'agit de régions dans lesquelles l'État n'a plus d'autorité, où il ne peut plus intervenir policièrement, militairement ou administrativement. Cela ne concerne pas seulement quelques zones tribales au Pakistan, mais près de la moitié du continent africain ! Cette préoccupation ne doit cesser d'être au cœur des politiques internationales, même lors des moments d'accalmie. Permettre aux pays concernés de reprendre le pouvoir sur leurs « zones grises » doit être l'affaire de tous. Les citoyens des pays occidentaux qui croient encore naïvement que ce qui se passe « là-bas » ne les concerne pas commettent une énorme erreur de jugement. Le terrorisme ne connaît pas de frontières, nous ferions bien de nous en souvenir.

Nous sommes loin d'en avoir fini avec le terrorisme, d'autant que des menaces encore pires que toutes celles que nous avons connues pourraient encore survenir. Lorsque j'étais ministre de l'Intérieur, je vivais dans l'angoisse permanente qu'un fanatique isolé qui serait passé au travers des radars du renseignement fabrique seul chez lui une bombe bactériologique ou chimique et la dépose dans le métro pour contaminer de nombreux passagers. Cette crainte ne disparaîtra pas avant de nombreuses années, inutile de se mentir. Mais si nous ne faisons rien, elle pourrait même se prolonger sur plusieurs décennies. Nos services de renseignement agissent dans l'ombre, nos armées aussi. Les hommes et les femmes qui les composent font preuve d'un courage et d'une abnégation dont nous pouvons être fiers. Ce qu'ils font pour protéger notre pays est essentiel et doit être poursuivi. Nous devons cependant aller plus loin et adopter d'autres méthodes en parallèle. Nous devons utiliser les mêmes armes que les terroristes : la lutte idéologique. Certains pays, notamment au Moyen-Orient, mettent en œuvre une véritable contre-propagande. Pourquoi en faisons-nous si peu ? Une telle approche mettrait du temps à porter ses fruits, mais elle attaquerait le mal en profondeur. Cela passerait par l'école, mais aussi par les médias et des interventions publiques. Je ne répondrai même pas à ceux qui oseraient rétorquer que c'est déjà le cas. Se donner bonne conscience en clamant : « Le terrorisme, c'est mal, il faut respecter la liberté de conscience de chacun » revient à combattre une armée avec des pétales de rose.

Réapprendre la tolérance ne signifie pas agir avec une naïveté qui friserait la bêtise. Veiller scrupuleusement à son respect dans les écrits, déclaration et attitudes ne conduit pas non plus à devenir liberticide. Un équilibre doit être trouvé, une vigilance permanente ne suppose pas de tomber dans une société ultrasurveillée qui briderait les libertés individuelles. Nous devons réapprendre à vivre ensemble, mais aussi à réaffirmer nos valeurs. Cesser d'être dans le dénigrement de ce que nous sommes sera la première pierre pour construire un mur face à ceux qui veulent nous détruire. Le futur président de la République doit contribuer à poser les autres, une à une, sans faillir, sans se renier, sans trembler. Certains combats ne doivent souffrir aucune hésitation si l'on ne veut pas fournir soi-même des armes à l'ennemi.

Aimons notre police

L'insécurité reste une préoccupation majeure pour une grande majorité de nos concitoyens, mais une partie trop importante de la classe politique continue de considérer ce sujet comme un « fantasme d'extrême droite ». Par cécité, ou plus certainement par démagogie envers une partie de leurs électeurs, ces responsables politiques distillent un message nauséabond à l'encontre de nos policiers. Les chaînes d'information continue ont aussi une part de responsabilité en diffusant à outrance des vidéos amateur censées démontrer que les forces de l'ordre commettent systématiquement des actes de violence. Ce phénomène a commencé lorsque j'étais ministre de l'Intérieur. À l'époque, nous avons vu surgir des vidéos filmées au caméscope qui étaient récupérées par des chaînes de télévision. C'est la raison pour laquelle j'avais demandé que la police filme elle aussi les manifestations, afin que des images sorties de leur contexte ne puissent être utilisées contre elle. Désormais, avec la généralisation des caméras sur les téléphones portables et les réseaux sociaux, de telles vidéos prennent très vite une ampleur inouïe.

Les violences illégales commises par des membres des forces de l'ordre doivent évidemment être dénoncées et les auteurs poursuivis par la justice. Mais une dénonciation *a priori* ne sera jamais une preuve définitive et quelques cas isolés ne doivent pas être considérés comme le reflet d'une institution tout entière. Des militants d'extrême gauche ont beau s'égosiller dans les manifestations : « Tout le monde déteste la police », ce n'en est pas moins faux. Une très grande majorité de la population française a une opinion positive de nos forces de l'ordre : pourquoi cela semble-t-il si peu évident dans le traitement médiatique des questions qui concernent la police ?

Les policiers souffrent, mais pas seulement du manque de moyens. Beaucoup d'entre eux vivent comme une profonde injustice d'entendre sans cesse un discours de suspicion à leur encontre. Ils subissent au quotidien des violences de la part de délinquants, sont confrontés en permanence aux plus grandes détresses sociales et sont souvent le dernier rempart dans des quartiers où règne la loi du plus fort. Et qu'entendent-ils en écho ? Des accusations, des amalgames et trop souvent le silence gêné de ceux qui devraient les défendre.

Nos policiers ont besoin avant tout d'être mieux considérés. Il faut les aider à rétablir la fierté de leur uniforme, les soutenir face aux agressions verbales qui pullulent dans la sphère publique et leur donner les moyens d'accomplir leurs missions. Le discours ambiant contre la police doit trouver une réponse bien plus forte de la part de nos dirigeants. Le fonctionnement de la justice est aussi une source de démotivation pour nos forces de l'ordre. Les procédures sont souvent trop lentes, compliquées, et l'institution semble régulièrement incapable de condamner des délinquants multirécidivistes. Comment un policier pourrait-il accepter d'être nargué dans la rue par des individus qu'il a interpellés la veille en flagrant délit ? Et comment, le même jour, lui et ses collègues pourraient-ils accepter d'entendre dans les médias des personnalités publiques prendre la défense de ces mêmes délinquants et condamner l'action des forces de l'ordre ? D'autant que ceux qui ne manquent jamais une occasion d'accuser l'ensemble des policiers d'être coupables de violences dès qu'éclate une affaire isolée sont les mêmes qui geignent que l'on fait trop d'amalgames entre les délinquants et les habitants des banlieues difficiles.

Dans certains quartiers, tous ceux qui représentent l'État ou l'autorité font désormais l'objet d'actes d'incivilité, de caillassages ou d'agressions. C'est le cas pour les policiers, mais aussi pour les pompiers, les médecins, les agents EDF, voire parfois les conducteurs de bus. Il convient de revoir les textes de loi sur la légitime défense pour les agents ayant autorité. Il faut aussi convaincre les citoyens que les policiers les protègent en faisant disparaître la défiance dont ils font l'objet dans certaines parties du territoire. Pour tenter d'enrayer ce phénomène, j'avais créé les « unités territoriales de quartier » quand j'étais ministre de l'Intérieur. J'étais partie du constat que les gendarmes étaient très appréciés de la population des zones qu'ils couvraient, ce qui n'était pas toujours le cas pour les policiers. En cherchant à savoir pourquoi, j'en avais déduit que c'était parce que les gendarmes étaient bien connus des habitants. Les contacts avec la population étant très réguliers, ces représentants de l'État étaient davantage considérés comme des éléments de la vie locale. On leur parlait de la vie du village, on les informait des problèmes dès leur origine. Les policiers, eux, étaient souvent perçus comme des éléments extérieurs car ils n'intervenaient que lors de situations délictueuses. Les unités territoriales de quartier avaient donc vocation à se rapprocher des citoyens. En humanisant ainsi davantage les policiers aux yeux de la population, il était bien plus facile d'isoler les délinquants et d'en limiter le nombre.

Dans une perspective à long terme, j'avais également augmenté les effectifs de la police à cheval en Seine-Saint-Denis. Voir des policiers à cheval modifiait le sentiment des jeunes enfants à leur égard et leur donnait envie de créer un contact. Un dialogue s'établissait d'ailleurs souvent entre eux, ce qui était plus rarement le cas auparavant. Ces enfants grandissaient ainsi avec une représentation de la police plus positive. Une telle approche ne peut pas porter ses fruits sur une durée d'un ou deux ans, elle mérite d'être poursuivie pour être efficace. Les résultats ne sont pas immédiats, ils exigent du temps long.

Les premières victimes des délinquants sont les habitants des quartiers difficiles, c'est donc à eux que l'État doit s'adresser en priorité. Quand j'étais ministre de l'Intérieur, le rapprochement avec la population de ces quartiers avait poussé certains habitants à nous informer de l'existence de caves dans lesquelles étaient stockées des armes et de la drogue. Nous avions donc mené de nombreuses opérations qui permirent de faire baisser la délinquance locale.

Voir plus loin ne signifie pas attendre, mais changer le présent en pensant à l'avenir. Comme dans n'importe quel autre domaine, une vision à long terme nécessite des décisions immédiates. Une réflexion profonde doit donc être menée pour l'avenir de nos forces de l'ordre, mais en se projetant sur les générations suivantes, pas seulement pour mettre des rustines sur une situation sociale au bord de l'explosion.

Offrons davantage de liberté aux enseignants

S'il est un domaine pour lequel une réflexion à long terme s'impose peut-être plus que tout autre, c'est bien l'Éducation. Nos écoles primaires, nos collèges, nos lycées, nos universités et nos établissements d'apprentissage professionnel représentent le centre névralgique de la société de demain. C'est à travers eux que nous formons les citoyens en devenir et les professionnels du futur. Les décisions prises aujourd'hui par l'Éducation nationale influeront donc dans les décennies à venir, en bien ou en mal. Les débats sur le sujet se résument trop souvent à une équation financière. La question des moyens est évidemment primordiale et ne saurait être rayée d'un trait de plume, mais se limiter à ce prisme est selon moi une erreur de jugement, tant d'autres réflexions doivent aussi être menées.

L'éducation a besoin d'adaptation et d'une plus grande souplesse. En premier lieu, elle doit mettre fin à une logique d'homogénéisation permanente. Des élèves ont des difficultés dans l'apprentissage, d'autres ont des facilités. Pourquoi continuer à les loger tous à la même enseigne ? C'est pour cette raison que j'avais créé, lorsque j'étais en charge de l'Enseignement, des heures de soutien scolaire par petits groupes pour les élèves en difficulté. L'objectif était d'apporter une aide à ceux qui en avaient besoin, sans pour autant imposer un travail supplémentaire à ceux pour qui ce n'aurait pas été pertinent.

De l'école primaire au lycée, une classe n'est jamais homogène. Mais cette réalité est trop rarement prise en compte car, aux yeux de nombreux « pédagogistes », cela représenterait une forme de discrimination. Qui dans l'Éducation nationale ose évoquer les dons et les aptitudes des enfants ? Personne, car c'est interdit. Un tel aveuglement a-t-il permis de réduire les inégalités ? D'améliorer les capacités de la jeunesse dans les matières fondamentales ? D'amener nos universités à un niveau d'excellence ? Évidemment non, même si certains aiment à le croire, en dépit de toutes les études internationales sur le suivi des acquis des élèves et les classements des universités du monde entier. Nier la réalité ne suffit pas à la changer. S'attaquer au cœur du problème de l'Éducation nationale dès aujourd'hui permettra de transformer en profondeur notre pays dans de nombreux domaines pour les prochaines décennies.

Autre mission essentielle de l'école : apprendre à être citoyen. Comprendre qu'être citoyen c'est partager et mettre en œuvre au quotidien des valeurs communes, c'est s'inscrire dans la longue histoire de notre pays, avec ses hauts et ses bas, ses alternances de réussites et d'échecs, de découragements et de redressements, voilà qui est indispensable à la formation de chaque personnalité.

L'apprentissage de l'histoire doit renouer avec la chronologie, pour ne rien oublier, mais aussi pour que chaque citoyen comprenne la singularité de la France dans l'Europe et dans le monde. Il doit pouvoir se situer dans le temps et l'espace. Un jeune Français n'est pas hors sol. Il est la résultante d'une présence longue ou récente de sa famille sur le territoire français, où s'appliquent des règles de vie en commun et des valeurs.

Réapprendre la fierté d'être français, c'est permettre d'abord à chacun de s'inscrire dans une lignée tant nationale que familiale, constituée d'événements, de personnalités et de valeurs.

C'est pourquoi l'instruction civique est un enseignement aussi fondamental que l'histoire pour devenir pleinement citoyen.

Autre problème majeur : les instituteurs et les professeurs n'ont pas suffisamment de liberté dans leur façon d'enseigner. Cette logique freine les initiatives, tire le niveau vers le bas et détruit les motivations au sein de l'Éducation nationale. Je me souviens d'avoir rencontré un enseignant qui emmenait le soir ses élèves observer les étoiles. Il m'avait dit : « Surtout n'en informez pas le recteur car sinon je serai sanctionné. » Et le pire, c'est que c'était vrai ! Les bonnes initiatives sont toujours foulées aux pieds si elles n'entrent pas dans les cases de l'institution. Pourquoi se priver d'idées nouvelles ? Pourquoi freiner les bonnes volontés ? Pourquoi vouloir à tout prix contraindre chacun à entrer dans le même moule ? Ce mal est profond et mérite que l'on y mette fin. Au lieu de nous enorgueillir de notre système éducatif que l'on estime être le « meilleur du monde » et de regarder de haut ce qui se fait à l'étranger, nous devrions parfois nous en inspirer.

L'un des symptômes de ce conformisme ravageur est qu'il nous prive de nos meilleurs éléments à l'école, mais surtout à l'université. Il atteint les formations, les élèves, les professeurs et même la recherche et les chercheurs. Un exemple vaut tous les arguments : un jour où je discutais avec le professeur Luc Montagnier, éminent biologiste français à qui l'on doit la découverte du VIH, celui-ci me raconta qu'il avait reçu deux lettres le matin même lui souhaitant son anniversaire. La première émanait du ministère de l'Enseignement et lui annonçait qu'à l'âge de soixante-cinq ans il devait désormais prendre sa retraite, lui joignant de nombreux documents à remplir pour toucher sa pension. La seconde était un courrier d'une université américaine qui se proposait de mettre un laboratoire à sa disposition s'il acceptait de venir travailler en son sein. Je n'ai rien d'autre à ajouter…

3

Libérons-nous des carcans administratifs

Notre pays possède de formidables atouts, sur lesquels je reviendrai. Nous avons le potentiel pour jouer un rôle de premier ordre dans presque tous les secteurs économiques. Pourtant, nous ne le faisons pas. Dans la plupart des domaines, la France semble stagner, quand elle ne régresse pas. D'aucuns y voient un mouvement naturel de l'ordre du monde. Après avoir brillé de mille feux durant des siècles, le pays des Lumières serait condamné à devenir une « petite puissance ». Je refuse de céder à un tel fatalisme et de regarder d'autres nations prendre notre place sans ciller. Je le refuse d'autant plus que je suis convaincue que notre recul ne nous est pas imposé par des forces extérieures, mais qu'il trouve ses causes dans nos propres errements.

Telle est la triste vérité : par lâcheté, habitude ou conformisme, nous créons les conditions de notre affaiblissement. Souvent avec les meilleures intentions, nous imposons tant de réglementations que nous étouffons l'initiative économique, brisons le désir d'entreprendre et engourdissons les tentatives de développement. Cette gangrène administrative ne se limite pas au secteur économique, elle infuse l'ensemble des domaines de la société. Elle fait perdre aux Français la confiance dans l'État, elle les noie dans une fiscalité devenue illisible, bloque souvent les initiatives les plus utiles et empêche même nombre de ministres de mettre en œuvre des réformes auxquelles ils croient. Depuis plusieurs décennies, tous nos dirigeants, quelle que soit leur couleur politique, n'ont pu que constater cette pesanteur et ont promis d'y mettre fin. Malgré la bonne foi de certains, force est de constater qu'aucun n'y est parvenu. La France reste enfermée dans la rigidité de ses textes, de ses règlements, de ses circulaires et de leurs interprétations toujours plus restrictives à l'égard de la liberté et de la novation. Pour autant, ce que nous avons fait, nous pouvons le défaire. Cela impose du courage, une bonne expertise et, surtout, une volonté à toute épreuve d'œuvrer pour l'avenir.

Redonnons de la lisibilité à la politique

Comme l'immense majorité des Français, j'ai envie que la possibilité d'avancer et de réussir soit laissée à ceux qui en ont envie. Pour cela, les recettes sont souvent simples : elles relèvent du *bon sens*, ce terme trop souvent honni de la bien-pensance médiatique et politique. Ces recettes peuvent constituer la trame d'une authentique feuille de route pour la prochaine présidence, dès lors qu'elle accepte de lutter contre les dysfonctionnements et de se forger une vision à long terme des enjeux humains, économiques et sociaux. Il n'y a pas de politique sans vision à long terme. Une collection de promesses plus ou moins démagogiques et des projets sectoriels à court terme peuvent satisfaire les demandes catégorielles immédiates et les médias, mais ne constitueront jamais une véritable politique.

La première exigence pour le prochain quinquennat sera donc de retrouver une visibilité. Il faut montrer un horizon aux Français, leur dire vers quelle société on les entraîne, quelle France on veut bâtir. Il faut donc une politique lisible par les électeurs. Le président de la République est élu pour montrer le cap, faire partager sa volonté, mettre en œuvre ses orientations. Puisque nous disposons de tant d'atouts pour affronter les défis du siècle qui vient, donnons à la France l'ambition de redevenir la puissance politique, économique, morale qu'elle fut si longtemps. Sortons des carcans qui brident les initiatives et l'envie d'agir, de la fausse moralisation qui empêche plus qu'elle n'incite, de l'égocentrisme qui pousse chaque groupe à défendre ses propres intérêts contre ceux des autres et à oublier qu'un monde tourne autour de nous.

La situation individuelle des Français se dégrade progressivement, même si elle demeure privilégiée par rapport à nombre d'autres États, en Europe et au-delà. Les classes moyennes, qui constituent le socle du dynamisme économique et de notre mode de vie, sont les plus sensibles à cette détérioration. Tant les classes moyennes supérieures que les classes populaires subissent de plus en plus de prélèvements fiscaux, l'augmentation du coût de la vie, et ont de moins en moins d'argent pour les loisirs ou l'épargne immobilière en fin de mois. Elles ont le sentiment que leurs libertés rétrécissent comme peau de chagrin. Ce qui était possible il y a encore quelques décennies pour une secrétaire, un technicien ou un professeur, ne l'est plus : les vacances au ski avec les enfants, une voiture neuve, l'achat de son appartement. L'idée que la vie pourrait être meilleure demain n'est plus une perspective, ni économique ni psychologique. Même en faisant des efforts ! Notre nation est l'une des plus pessimistes au monde, alors que nous vivons en paix, en relative sécurité, que nos systèmes d'éducation, de santé et de protection sont parmi les plus attractifs et que notre niveau de vie nous est envié par plus des trois quarts des habitants de la planète. Ces données globales ne pèsent pas lourd aux yeux des Français des classes moyennes qui ont le sentiment d'avoir moins de liberté d'agir et de progresser aujourd'hui qu'hier. Ils ont perdu l'espoir de vivre mieux, ils sont bloqués dans leurs espérances de promotion sociale, ils ne se sentent ni écoutés ni compris par un État envahissant, réglementant et tatillon.

À qui la faute ? Écoutez vos voisins, vos collègues, vos proches. Tous vous citent des exemples d'administration hautaine, d'aberrations technocratiques, de spoliation fiscale, d'ingérence de la bien-pensance y compris dans le cercle privé, d'injustices y compris de la part de la justice. N'allons pas chercher plus loin le succès – à ses débuts – du mouvement des Gilets jaunes dans toutes les classes de la société. Le discours des porte-parole de ce mouvement reflétait ce ras-le-bol de tous les Français à qui l'État demande toujours plus, permet toujours moins et qu'il sanctionne sans distinction. S'il n'avait été débordé par des groupuscules extrémistes, de droite et de gauche réunis, il aurait pu reconstituer un de ces vastes mouvements révolutionnaires que notre pays a plusieurs fois connus au cours de son histoire, regroupant tous ceux qu'horripile le fonctionnement actuel du pays. L'incompréhension des politiques et de la haute administration a été à la hauteur : des mesures adoptées à la va-vite par le président de la République et le gouvernement ont une nouvelle fois montré leur incapacité à comprendre et traiter en profondeur ce rejet populaire. Ce n'est pas en distribuant à quelques groupes des centaines d'euros que l'on soigne un mal-être généralisé. Ce n'est pas en posant de telles rustines sur un problème que l'on enraye une dérive des rapports entre les citoyens et les institutions qui s'amplifie depuis des décennies.

Réaffirmons la suprématie du politique

Le premier des carcans qui freinent les initiatives et le dynamisme des entreprises comme des particuliers relève du fonctionnement de nos administrations et de leur toute-puissance. Ce n'est pas nouveau : dès la IVe République, les hauts fonctionnaires se substituaient aux responsables politiques – éphémères et défaillants – pour combler le vide décisionnel en imposant leurs vues sur le fonctionnement de l'État. Si les débuts de la Ve République remirent un temps les choses et les hommes à leur place en réaffirmant la suprématie du politique sur les administrations, la tendance du retour à la direction des affaires par des hauts fonctionnaires s'imposa peu à peu. Jusqu'à préférer les hauts fonctionnaires aux politiques issus de l'élection pour le casting ministériel (Jean-Michel Blanquer, Élisabeth Borne, Julien Denormandie,

Agnès Pannier-Runacher, Muriel Pénicaud…). Ce choix d'hommes et de femmes issus du sérail administratif pour occuper les postes de ministre symbolise la défiance à l'égard des élus et l'entre-soi de la haute fonction publique, avec comme conséquence la prédominance de la logique administrative et gestionnaire. Cette dernière se concrétise par la multiplication des textes, la lourdeur des procédures, l'omniprésence des contrôles et l'uniformité des décisions. Il est en effet plus facile d'appliquer une décision identique pour tous que de prendre en compte les situations personnelles, la distance entre les exigences réglementaires et la réalité de terrain.

L'une des explications réside dans la méconnaissance du secteur privé par l'administration. Les besoins de l'entreprise représentent un monde étranger – voire suspect – pour les rédacteurs des textes. Les dirigeants politiques devraient réorienter l'administration vers le bon sens, mais ils ne le font que rarement. Pire : au regard de la Constitution de 1958, il n'est pas rare que les administrations s'emparent du pouvoir politique. Combien de fois ai-je constaté que des ministres, de droite comme de gauche, se laissent imposer la volonté de leur administration par ignorance ou facilité. J'en ai été témoin à de multiples reprises dans mes fonctions gouvernementales. Les directions administratives des ministères ne manquent pas d'idées en la matière. Je me souviens notamment d'une anecdote survenue dès ma deuxième matinée au ministère de la Jeunesse et des Sports. Le directeur de la Jeunesse apparut tout sourire dans mon vaste bureau, au sommet d'une tour de la rue Dutot. Il portait un petit dossier qu'il me présenta comme un projet de loi. « Madame le ministre, me dit-il, vous avez là un texte novateur. Il faut que vous le fassiez passer et il portera le nom de "loi Alliot-Marie". » Tel est l'argument suprême pour flatter l'égo d'un ministre fraîchement nommé... Peine perdue : j'avais déjà été initiée à ce genre de démarches lors de mon passage au cabinet d'Edgar Faure, mon premier patron politique, à qui rien des méandres ministériels n'était étranger. Sans oublier que ma précédente expérience de députée m'avait fait connaître ce dossier que la même administration avait tenté de faire endosser par le précédent ministre... qui était socialiste !

Pareilles manigances ne sont pas propres à la Jeunesse et aux Sports, toutes les administrations sont concernées. L'envahissement du champ politique par l'administration peut aussi prendre des formes moins visibles, mais tout aussi perverses. Même le ministère de la Défense n'y échappe pas. À mes débuts à l'hôtel de Brienne, le responsable de la DGA[1] m'annonça un jour sans sourciller qu'il avait réglé avec les chefs d'état-major les arbitrages financiers de la future loi de programmation militaire, que je n'avais donc plus qu'à entériner. Je lui rappelai qu'un tel arbitrage relevait du seul ministre, avant de lancer ce même jour une procédure pour son remplacement.

La logique administrative ne cherche pas à s'imposer seulement au ministre. C'est aussi le cas pour l'application des directives européennes, ou même de textes votés par le Parlement français. Par le biais des décrets d'application, voire de simples circulaires, une administration peut en changer le sens ou en durcir les exigences. Pour les directives européennes, il est même possible de

1. Direction générale de l'armement.

recréer des distorsions supplémentaires alors que les institutions compétentes avaient à l'origine pour volonté de rapprocher les situations des différents pays de l'Union.

L'illustration la plus frappante concerne les produits interdits pour l'agriculture. Afin de lutter contre l'utilisation de produits nocifs pour l'environnement et la santé, notamment dans les pays de l'Est, la Commission européenne et le Parlement de Strasbourg avaient limité les taux de certains composants dans les pesticides. En tant que députée européenne, quand je suis allée visiter des vignobles de mon eurocirconscription, j'ai recueilli les doléances d'exploitants dont les vignes étaient désormais moins bien protégées contre les maladies et parasites que celles de leurs voisins espagnols, dont les domaines se situaient à quelques dizaines de mètres des leurs, juste de l'autre côté de la frontière. Pourquoi ? Parce que les Hispaniques bénéficiaient de normes moins sévères que les nôtres, alors même que leurs eaux pluviales déversaient leurs déchets côté français. Rentrée à Bruxelles, j'ai donc demandé des explications, soupçonnant un moindre contrôle des exigences européennes envers l'Espagne qu'envers la France. Il n'en était rien. Si l'Union européenne avait bien fixé un minimum commun à tous les pays pour garantir les conditions de production et éviter les distorsions de concurrence intracommunautaires, les services des ministères de l'Environnement et de l'Agriculture français avaient profité de cette réglementation européenne pour « laver plus blanc que blanc ». Alors que rien ne les y obligeait, ils avaient ainsi imposé des exigences plus strictes à nos vignerons. C'est donc notre propre administration qui avait créé une concurrence déloyale en faveur de nos voisins !

Dans ce domaine, les exemples sont malheureusement légion. Je pourrais citer l'interdiction pour les jeunes salariés de travailler à une hauteur excessive. En Allemagne, celle-ci se traduit par l'impossibilité d'utiliser une échelle de plus de trois mètres. En France, cette même réglementation européenne a donné lieu à une interprétation quasi kafkaïenne : les jeunes travailleurs ont pour autorisation le seul usage d'un tabouret de 80 centimètres ! Je pourrais aussi évoquer le cas des rejets de nitrates dans l'eau, qui a abouti à une condamnation financière de la France, alors qu'elle faisait mieux que ses voisins dans ce domaine. Pourquoi ? Parce que notre pays, sous la pression des services du ministère de l'Environnement, avait eu le tort de prendre des engagements de restrictions si ambitieux qu'il fut dans l'incapacité de les atteindre.

J'en ai assez de ces excès qui pénalisent notre pays et chacun des Français ! Je ne suis pas la seule à être exaspérée par tous ces freins créés dans une logique administrative, sans aucune considération pour les réalités auxquelles sont confrontés nos concitoyens dans leur vie professionnelle et personnelle. Il est temps que le président de la République fasse appliquer les principes du service public et les missions de l'administration. Comment ? D'abord en expliquant que la politique décide et que l'administration exécute. En rappelant ensuite que l'administration, *c'est* le service du public ! Que son statut comme son fonctionnement doivent donc être en permanence cohérents avec cette définition. En allégeant enfin les contraintes inutiles et en supprimant les incertitudes permanentes des règles.

Il est indispensable de revenir aux fondamentaux de l'administration, à savoir l'exécution des décisions politiques et le service du public, comme son étymologie l'indique. Ce ne sont pas les fonctionnaires eux-mêmes qui sont en cause, ce sont les modalités et les logiques de fonctionnement de la structure administrative qui doivent être transformées en profondeur. Cette remise en ordre du fonctionnement de nos institutions est aussi urgente qu'essentielle.

J'enrage d'une dérive insidieuse mais permanente, celle d'un système administratif qui tend à oublier qu'il est là pour servir, servir l'État, servir les citoyens. Ce système considère que l'État, *c'est* l'administration. Que le politique est par nature aléatoire, changeant et partisan, que par conséquent il lui revient d'imposer par tout moyen son propre point de vue. Le meilleur exemple de cette attitude, aussi méprisante que méfiante à l'égard des responsables politiques, est la façon dont sont menées les discussions budgétaires par le ministère des Finances. Durant les quinze négociations budgétaires annuelles que j'ai successivement conduites en tant que ministre, j'ai toujours vu les discussions menées au ministère des Finances par des interlocuteurs d'un niveau hiérarchique inférieur à celui des représentants des autres ministères. Le directeur de cabinet est face à un membre de cabinet, le ministre a en face de lui des hauts fonctionnaires de la direction du Budget et non le ministre lui-même, son homologue. Je n'ai connu qu'une exception, sous le gouvernement de Dominique de Villepin, lorsque Nicolas Sarkozy était ministre des Finances et du Budget. Au contraire de ses prédécesseurs et de ses successeurs, lui participait en personne à ces réunions, du moins quand j'étais là. Le fait que nos relations ministérielles étaient tendues n'y était sans doute pas pour rien…

Une telle tradition est à mes yeux exaspérante, mais surtout tout à fait contraire à l'esprit des institutions. Combien de fois ai-je été tentée de lancer à la figure de mes interlocuteurs, souvent issus de la prestigieuse Inspection des Finances, cette formule prêtée au général de Gaulle à propos desdits inspecteurs : « Il faut leur rappeler qu'après tout ils ne sont que des comptables, des comptables supérieurs certes, mais seulement des comptables. » Cet exemple est symbolique d'une administration qui utilise ses attributions pour décider *in fine* de la politique de chaque ministère, en refusant, amputant ou annulant les sommes qu'il était prévu de consacrer à telle ou telle action gouvernementale. J'estime qu'il sera du devoir du futur président de la République de remettre en place un fonctionnement des institutions conforme au texte de 1958 et aux principes de la République. À commencer par les caractéristiques du service public : la continuité, la neutralité, la laïcité et le service de l'intérêt général.

Le politique est responsable devant les électeurs, le fonctionnaire ne l'est pas. C'est toute la différence entre la démocratie et la bureaucratie. J'attends des ministres qu'ils prennent leurs responsabilités et du président de la République qu'il les renvoie s'ils ne remplissent pas leur rôle. Nous avons trop longtemps toléré que des membres du gouvernement ne soient nommés que par souci d'équilibre politique avec les alliés de la majorité parlementaire, d'équilibre géographique pour que chaque région se sente représentée, d'équilibre entre les sexes puisque la mode est aux gouvernements paritaires, au moins pour l'affichage. La fragmentation de l'exécutif, par petits pôles où chaque catégorie socioprofessionnelle est représentée par un secrétaire d'État, ne peut que nuire à la conduite d'une politique ambitieuse. L'impulsion présidentielle doit se faire sentir dans l'ensemble des activités du pays. Dans cette perspective, il faut moins de ministres, mais avec des compétences et une autorité personnelle reconnues. C'est une ligne de conduite essentielle ! Si tel n'est pas le cas, c'est qu'il y a un problème d'insuffisance au sommet. Il est temps de redresser la barre et de rendre aux politiques leurs attributions, leurs pouvoirs et leurs responsabilités. Ce doit être une priorité pour le prochain président.

Remettons le service public au service des Français

La continuité du service public a toujours été pour moi la raison d'être du statut de fonctionnaire. En contrepartie d'une sécurité de l'emploi quasi absolue, les fonctionnaires ont le devoir d'assurer la permanence du service. Il faut en tirer toutes les conséquences. Par définition, cela devrait signifier que la grève est incompatible avec leur statut. C'est pourtant loin d'être le cas aujourd'hui, sauf dans quelques corps tels que ceux des militaires et des policiers. Que des fonctionnaires, assurés d'un emploi à vie, interrompent leur mission de protection, d'éducation, de soins ou de justice, n'est pas tolérable à mes yeux. Cela ne l'était d'ailleurs pas durant de nombreuses années, mais une regrettable évolution des mentalités a changé la donne.

L'oubli progressif du lien entre le statut des fonctionnaires et leur responsabilité a été favorisé par l'expansion continue – et largement injustifiée – de ce statut à des secteurs d'activité qui n'ont qu'un lointain rapport avec le service public. Jardiniers ou garagistes des ministères ne sont qu'une illustration à peine caricaturale de cet élargissement. Un resserrement du statut de fonctionnaire doit être réalisé en le limitant aux seuls métiers qui l'exigent. Le prochain président de la République se devra d'établir la liste des activités de l'État qui impliquent le statut de fonctionnaire, avec ses éléments protecteurs, mais aussi ses exigences. Les missions régaliennes et d'éducation en relèvent de façon évidente, d'autres beaucoup moins. Si la liste peut être débattue dans son contenu, les principes généraux doivent être un facteur déterminant. Le service public représente ce que l'État seul est en mesure d'assurer aux Français, ce qui ne pourrait pas être pris en charge de façon satisfaisante par le secteur privé du fait du coût, du poids ou des moyens utilisés. Je me souviens des débats passionnés au Parlement sur la transformation de La Poste. Avec le changement de statut de ses personnels, cette entreprise ne fonctionne pas plus mal qu'auparavant, guère mieux d'ailleurs. En tant que ministre de la Défense, j'ai moi-même mené le changement de statut de la DCN[1]. Malgré les diatribes de l'époque, je ne crois pas que les salariés s'en plaignent aujourd'hui, ni que la construction navale française y ait perdu. Au contraire !

Une fois actée la liste des activités dont les agents requièrent le statut de fonctionnaire, le prochain chef de l'État devra immédiatement faire appliquer la règle à toute nouvelle embauche. Pour éviter que le retour à la logique du service public ne s'étale sur des générations,

1. Direction des constructions navales.

il devra aussi donner à chacun des personnels de l'État qui mènent une activité extérieure à cette liste le strict choix entre deux options : la préservation de leur statut de fonctionnaire, mais avec les nouvelles contraintes, dont le refus du droit de grève ; ou un nouveau statut contractuel de droit public.

Recentrer la fonction publique sur ses missions cardinales et les fonctionnaires sur leurs obligations est nécessaire pour redonner de l'autorité à l'État et du tonus à l'action politique. Ce n'est cependant pas suffisant, je le constate hélas tous les jours en écoutant les Français. Je suis moi-même souvent confrontée aux incohérences qui découragent les plus actifs et exaspèrent tous les citoyens. Lors de sa campagne présidentielle, Emmanuel Macron avait pourtant laissé miroiter une volonté d'aller en ce sens. La réalité quotidienne ne permet d'en percevoir aucune concrétisation…

Rétablir le service public dans ses caractéristiques et garantir l'égalité de traitement des usagers seront des défis essentiels pour le prochain président, s'il veut rétablir la confiance dans l'État. C'est une condition indispensable de l'unité de la nation autant que de son dynamisme. Le sentiment des citoyens de ne pas être traités par l'État de la même façon que leurs voisins crée un sentiment d'injustice, d'envie, d'agressivité qui fragmente le tissu social. Or le vivre ensemble est une exigence de la France. La France est forte quand elle est unie, elle est aussi unie quand elle est forte. Vous vous souvenez sans doute comme moi de cette joie commune, de cette fraternisation qui a accompagné la victoire au Mondial de football en 1998, un peu moins en 2018. Elle avait créé un élan qui s'est ressenti jusque dans l'économie nationale. Les semaines suivantes, la consommation et la production avaient connu un pic. C'est une belle illustration de l'impact qu'a l'unité de la nation sur son dynamisme. C'est aussi cela que l'on attend du président de la République et des gouvernements : être capable de susciter un élan national. Pour autant, entre la théorie et sa mise en œuvre, l'écart est souvent important. Réduisons cet écart !

Rendons le droit compréhensible pour tous

La France et les Français étouffent sous la multiplication des textes législatifs destinés à répondre à chaque actualité, à chaque situation. Cette paralysie est accentuée par l'entassement des textes réglementaires d'application parfois absconse, souvent contradictoires et toujours illisibles. Ceux-ci suscitent chez nos concitoyens le sentiment que leur liberté est de plus en plus bridée. Une telle accumulation crée une incompréhension du sens général des règles de vie en société. À chaque événement, des initiatives gouvernementales ou législatives se traduisent par un nouveau texte. De manière artificielle, le but officieux de cette frénésie est de montrer l'intérêt que le ministre ou le député porte à la situation. On crée alors un délit, un crime, une procédure ou une sanction spécifique pour le cas du moment. Et tout ceci alors qu'il existe déjà, parfois depuis les années 1800, des textes qui permettent de répondre à la situation en question. C'est vrai au pénal, mais le droit civil, commercial ou environnemental en fait aussi les frais. Il est plus que temps d'inverser cette tendance. L'instabilité du droit, l'incertitude de son évolution, le recul régulier de la date de prescription, sont autant de facteurs créateurs d'anxiété pour les citoyens et de déstabilisation de la société.

La première étape devra être de revenir à davantage de simplicité. Pour cela, nous avons largement la possibilité de nous appuyer sur des textes existants. « Tout fait quelconque de l'homme, qui cause à autrui un dommage, oblige celui par le fait duquel il est arrivé à le réparer », dit l'article 1382 du Code civil. En appliquant ce principe général, je suis persuadée que l'on pourrait répondre à une multitude de cas prévus par des centaines de lois et des milliers d'articles le plus souvent mal rédigés. Si nous revenions à ce principe de base avec la volonté de l'appliquer, les Français auraient davantage le sentiment d'être protégés par cette règle simple, plutôt que par le marécage de règlements dans lequel ils se noient et dont ils ignorent le plus souvent s'ils s'appliquent à leur cas.

Qui aujourd'hui peut se targuer de connaître toute la législation correspondant aux situations dans lesquelles il pourrait se trouver ? Le vieil adage « nul n'est censé ignorer la loi » n'a plus aucune réalité. Pourtant, l'administration et la justice continuent de s'y référer pour sanctionner les citoyens de façon souvent injustifiée. Aujourd'hui, le véritable adage devrait être : « Nul n'est censé connaître la loi. » C'est particulièrement vrai en matière réglementaire pour les administrations, comme celles des Finances ou de l'Environnement. J'ai eu à connaître un reproche fait par le service des impôts à un contribuable sur l'évaluation d'un bien immobilier, que celui-ci détenait par succession depuis trente-cinq ans. Pour le calcul de l'impôt sur la fortune immobilière, il l'avait évalué en fonction d'un prix de vente d'un bien similaire remontant à une dizaine d'années, auquel il avait ajouté une augmentation équivalente à l'évolution du coût de la construction pour chaque année. Or le service des impôts estimait ce bien à une valeur largement supérieure. Il a sanctionné le contribuable, ajoutant même au redressement une amende car le service considérait cette personne comme un fraudeur. Pourquoi ? Parce qu'il n'avait pas appliqué un barème inscrit dans une obscure circulaire, publiée dans un bulletin officiel inconnu de tous les contribuables, à l'exception des professionnels de l'immobilier. On exige, et ce n'est pas le seul cas, de tout citoyen qu'il connaisse et applique des textes que parlementaires et fonctionnaires d'un autre service ne connaissent pas eux-mêmes. La simplification des textes passe par une mesure simple même si elle est toujours réfutée par l'administration et le Conseil d'État : que le dernier article de chaque loi abroge les textes antérieurs devenus inutiles. Et la règle pourrait même être appliquée aux décrets ! Le secrétariat général du Gouvernement exprime toujours devant cette suggestion la crainte que l'on oublie une disposition utile. C'est plutôt à mes yeux une solution de facilité qui permet à l'administration de ne jamais perdre une once de sa capacité à encadrer l'action des citoyens et des entreprises et, le cas échéant, à les sanctionner.

Si l'on additionne les silences de l'administration, l'absence d'un interlocuteur capable d'expliquer les cas particuliers ou les règles mal rédigées (qui sont, au mieux, publiées dans des revues spécialisées), on comprend l'exaspération grandissante de la population. Tout contribuable ou justiciable devrait bénéficier d'une présomption de bonne foi. Ce fut d'ailleurs un engagement d'Emmanuel Macron, qui devait se souvenir d'avoir en son temps lui-même subi un redressement de son ISF pour insuffisance de déclaration de la valeur d'une propriété. Le mot d'ordre ne semble pourtant guère avoir été intégré dans le logiciel de Bercy… Le prochain président de la République ferait bien d'en imposer la règle dès son arrivée au pouvoir, surtout dans les domaines relevant du ministère des Finances.

La justice est une autorité, pas un pouvoir

L'inflation législative, en généralisant les situations particulières, joue un rôle encore plus néfaste quand elle est suivie d'une interprétation extensive par les administrations et encore plus par les juges. La jurisprudence parvient à changer le sens de la loi voulue par le Parlement. La jurisprudence du Conseil constitutionnel a paralysé le gouvernement à de nombreuses reprises au cours des dernières années, soit directement, comme en matière d'immigration ou de rétention de sûreté, soit indirectement, l'exécutif renonçant préventivement à certaines mesures par crainte d'une éventuelle censure des résidents de l'aile Monpensier. Le risque d'un gouvernement des juges, et pas seulement des juges constitutionnels, est réel. Leurs décisions ont un impact évident sur le fonctionnement de la société en outrepassant, par leur interprétation, la volonté du législateur. La notion d'abus de biens sociaux étendue à la complicité d'abus de bien social fut à la mode il y a quelques années. Voulue par les parlementaires et justifiée par certains abus flagrants, elle fut entendue ensuite si largement que, lorsqu'on vous invitait à déjeuner au restaurant, on se demandait s'il ne fallait pas vérifier si la carte bancaire utilisée était bien personnelle…

C'est encore plus le cas depuis la création du Parquet national financier (PNF), véritable prolongation judiciaire à la fois des services de contrôles fiscaux de Bercy, et des journaux spécialisés dans la délation. Elle illustre parfaitement la tendance à la mainmise du ministère des Finances sur le domaine politique. Il en existe de nombreux exemples. Prenons celui du conflit d'intérêts créé par la loi pour lutter contre des abus ayant permis à quelques-uns, élus ou chefs d'entreprise, d'utiliser leur position pour s'attribuer des avantages financiers indus. La qualification très large de l'intérêt a permis d'y inclure les avantages politiques (donc électoraux) et plus généralement tout type d'avantage, même psychologique ou d'image. La notion d'« avantage » ne se limite même pas à l'auteur de l'infraction, mais comprend aussi l'entourage : enfants, parents, collaborateurs. Pourquoi pas les amis, collègues ou adhérents du même parti ? On a ainsi poursuivi le PDG de la société TotalÉnergies, Patrick Pouyanné, qui est aussi membre du conseil d'administration de Polytechnique, parce qu'il aurait favorisé l'implantation d'un centre de recherche sur le site du campus universitaire. Rappelons que ce site était justement destiné à favoriser les synergies entre enseignement et recherche… Cette poursuite judiciaire a été ordonnée alors que le PDG n'avait participé à aucun vote et n'avait donné qu'une seule fois son avis à la demande de la présidence du conseil d'administration de Polytechnique. Rien de plus, mais cela suffisait pour être attaqué en justice !

Autre exemple : le maire de Metz, que je connais bien, est élu aux municipales et aux législatives depuis plus de vingt ans dans une ville difficile. Dévoué à ses électeurs les plus modestes, il n'en a pas moins été renvoyé en correctionnelle pour avoir versé une partie de la réserve parlementaire dont il disposait en tant que député à une association qu'il présidait depuis de nombreuses années. Pourtant, qui dit association dit action pour l'intérêt général et absence d'enrichissement personnel, non ? Pas pour le PNF, semble-t-il. L'interprétation large de la loi a tout de même permis sa mise en cause sur dénonciation d'un adversaire politique.

Le même cas de figure se reproduit de plus en plus fréquemment concernant des associations dont des élus sont responsables. C'est même devenu une arme politique pour de nombreux opposants, qui ne se gênent pas pour lancer une procédure pénale par un dépôt de plainte avec constitution de partie civile. S'ensuit presque toujours une pression médiatique sur les magistrats pour qu'ils mettent en cause l'élu en question, lorsque cette volonté n'est pas dictée par les convictions politiques de certains juges… À mes yeux, il s'agit d'un effet des plus pervers qui décourage les politiques et les dirigeants d'entreprise de s'investir dans le monde associatif. Il engendre donc une réduction des domaines d'action associatifs, alors que, il faut bien le reconnaître, ceux-ci se substituent souvent aux carences de l'État. C'est aussi jeter une suspicion sur tout élu qui veut agir pour l'intérêt général hors de son champ d'action direct.

La justice est une autorité, or elle tend pourtant à se considérer comme un pouvoir. Un pouvoir égal au politique, voire supérieur. De plus en plus de procédures judiciaires visent la légalité des décisions politiques, mais aussi leur opportunité ; c'est vrai au niveau pénal, mais aussi pour ce qui est de la Cour des comptes ou du Conseil d'État, ou plus encore du Conseil constitutionnel. On l'a vu avec la mise en cause de Christine Lagarde pour son choix de la procédure de l'arbitrage dans le conflit entre Bernard Tapie et le Crédit Lyonnais. On le voit dans les procédures engagées – et, n'en doutons pas, à venir – contre les ministres concernés par la gestion de la crise de la Covid.

Or, selon moi, le seul juge légitime en la matière, c'est le peuple ! Celui qui m'en a fait prendre conscience n'était pas de mon camp politique. C'était François Mitterrand. Le Conseil des ministres qui m'a le plus marqué remonte à mai 1995. Ce fut le dernier auquel participa le président socialiste. En cette période de fin de cohabitation, juste avant l'élection présidentielle, le chef de l'État était très affaibli par la maladie. L'atmosphère était à la fois solennelle et dramatique. À plusieurs reprises, nous l'avions vu souffrir, fermer les yeux, puis se reprendre. Le silence était pesant. Assise du même côté que le Premier ministre, je me trouvais en face du président. Après les diverses interventions des ministres, il prit la parole. Nous savions tous que c'était la dernière fois en de telles circonstances. C'était une sorte de testament politique qu'il allait transmettre à ses adversaires, non à ses alliés. Après quelques développements sur la France, son service qui dépassait les clivages politiques et ses exigences, son dernier point porta sur la justice et les juges. Même si elle n'est pas toujours respectée par certains, la règle veut que l'on ne prenne pas de notes lors d'un Conseil des ministres. Je n'ai donc pu reproduire par écrit le propos de François Mitterrand, mais son contenu m'a tant frappée que je l'ai conservé en mémoire : « Veillez à ce que les juges ne viennent jamais interférer dans la vie politique et dans vos décisions politiques. Cela mettrait en cause la répartition des pouvoirs et la démocratie elle-même. » Ce propos reprenait l'une des formules dont il avait le secret : « Les juges ont tué la royauté. Si on les laisse faire, ils tueront la République. » Dans ce salon Murat, en ces circonstances, cela prenait une dimension saisissante.

Ces dernières années, un certain nombre de décisions prises à l'encontre de maires pour sanctionner des mesures d'affectation ou de promotion de personnel, à l'encontre d'anciens ministres pour mettre en cause leurs décisions ou les contentieux annoncés sur la gestion de la Covid, vont dans le même sens. Toutes ces décisions distillent l'idée d'une mainmise de l'institution judiciaire sur les dirigeants politiques et sur leurs décisions, parfois contre la volonté des électeurs. Là aussi, il reviendra au prochain président de la République de remettre les choses à leur place en garantissant le rôle de la justice et son indépendance, y compris à l'égard de toutes les idéologies politiques, en délimitant son domaine d'action à sa fonction constitutionnelle. Il ne s'agit pas de préserver ceux qui exercent une autorité, mais de les protéger au nom de la démocratie contre un sentiment d'arbitraire à rebours. La confiance du citoyen est indispensable à l'autorité de la justice. Mais, pour cela, il faut donner des gages de neutralité objective. Je trouve ahurissant que l'ancienne présidente du Syndicat de la magistrature ait pu revendiquer sans sourciller que son syndicat était de gauche ! Cela induit que tout justiciable qui n'est pas

« de gauche » peut soupçonner un magistrat de ne pas examiner son affaire de façon impartiale, puisqu'il ne connaît pas son appartenance syndicale.

La justice est à mes yeux un pilier indispensable de la démocratie, de l'unité nationale, mais aussi de l'acceptation de sa responsabilité par le citoyen. Tout soupçon sur son fonctionnement conduit à un risque de division et de paralysie de la société. Un chef de l'État qui n'agirait pas contre ce risque ne serait pas à la hauteur de sa mission.

Recréons du collectif

Il ne peut y avoir d'élan collectif sans une ambition partagée, une ambition dans laquelle chacun se reconnaît, chacun sait qu'il pourra construire pour lui autant que pour les autres. Aujourd'hui, on attend d'un futur président qu'il dise à ses électeurs comment il entend valoriser les atouts de notre pays dans la compétition mondiale pour accroître ses richesses et en faire bénéficier ses citoyens. Cela signifie aussi qu'il doit expliquer comment il entend garantir l'unité nationale, en permettant à chacun de se sentir reconnu et de créer des perspectives de progrès pour lui et pour ses enfants. Les programmes, toujours plus ou moins dogmatiques, ne peuvent plus se limiter à des appels du pied aux différentes catégories d'électeurs pour mieux les séduire, sans prendre en compte un objectif commun.

C'est un élan collectif qu'attendent les Français. Un élan qui leur permettrait à la fois de se retrouver dans des objectifs et de se sentir solidaires les uns des autres.

C'était l'idée sous-jacente de la lutte contre la fracture sociale prônée par Jacques Chirac en 1995. C'est devenu aujourd'hui une nécessité face à la défiance, au repli sur soi, à l'anxiété devant le déclassement. Nous devons retrouver dans le discours politique la fierté d'être français, la fierté de notre histoire, la fierté de nos valeurs de liberté, de tolérance et de respect des différences. C'est l'attente de la majorité des citoyens. Les aspirations doivent être déclinées dans tous les aspects de la vie de la nation. Elles doivent se manifester dans des actions communes, c'est la condition première de leur effectivité et de leur efficacité.

Il ne peut y avoir de réussite collective sans une harmonisation de l'action de tous. Dans le champ étatique comme dans le domaine économique, nous partageons ensemble la responsabilité des choix et nous en subissons les conséquences. Combien de fois ai-je constaté l'écart entre les déclarations enthousiastes et encourageantes des ministres et la réalité des faits ? C'est le cas presque chaque année lors des universités du Medef, à la fin de l'été. Un ministre invité y est chaleureusement applaudi par les chefs d'entreprise, mais, une fois le rideau baissé, les entrepreneurs sont ensuite confrontés aux positions inverses de l'administration, voire du cabinet du même ministre.

Concurrence internationale, protection de l'environnement, formation, recherche… Chacun de ces domaines exige une vision et une action coordonnées. Si l'on veut éviter les malentendus et la paralysie, il est indispensable de se projeter sur le moyen et le long terme, mais aussi de faire en sorte que ces analyses soient partagées entre les chefs d'entreprise et les responsables étatiques. Or le manque de prospective est aujourd'hui indéniable de part et d'autre. Si l'on excepte les très grandes entreprises de l'armement, de l'aviation ou de l'automobile – dont les délais de développement des recherches s'inscrivent sur un terme de cinq à vingt-cinq ans –, la plupart des autres sociétés ont leur propre survie pour priorité absolue. Elles réfléchissent donc au développement de leurs activités dans les cinq ou dix ans tout au plus, mais se focalisent surtout sur la perspective de présenter un bilan positif à leurs actionnaires en fin d'année.

Pour voir plus loin, les dirigeants de ces sociétés doivent pouvoir gérer leur personnel avec le maximum d'efficacité, de paix sociale et de stabilité. Ils doivent être en mesure de régler leurs charges fiscales, salariales et sociales, mais aussi de limiter leurs stocks. Dans des marchés devenus très concurrentiels, l'anticipation est souvent limitée à quelques années, voire quelques mois. Cet horizon est aussi largement celui des organismes patronaux ou étatiques, qui sont pourtant censés apporter un éclairage aux entreprises sur les besoins de demain. En conséquence, lorsqu'un arbitrage doit être rendu entre les perspectives à long terme et les exigences de rentabilité à court terme, ces dernières l'emportent presque toujours. C'est d'autant plus la tendance que l'articulation entre les nécessités immédiates et les possibilités à long terme est souvent complexe, donc ignorée ou laissée de côté. Cette attitude fréquente est relativement compréhensible chez des entrepreneurs inquiets de la conjoncture mouvante car la moindre erreur stratégique de leur part pourrait provoquer la faillite de leur entreprise. Elle est en revanche beaucoup moins admissible chez les gouvernants et les administrateurs en charge de penser l'avenir du pays.

Changer la donne impliquerait de pouvoir s'appuyer sur des analyses prospectives sérieuses. Or elles manquent cruellement dans notre pays. Une telle lacune est d'autant plus paradoxale pour la France que la prééminence étatique y règne depuis longtemps. Là où elle pourrait constituer un avantage en apportant une vision à long terme, la vision étatique est pourtant largement absente. Pire : elle constitue souvent un obstacle au dynamisme et à la nouveauté. C'est également le cas dans les autres pays francophones, sauf au Canada et en Suisse pour des raisons historiques et géopolitiques. Le modèle napoléonien d'État centralisé et de fonction publique puissante s'est en effet imposé dans les régions francophones européennes, africaines et asiatiques. Il en est résulté un engagement fort à l'industrialisation et à la modernisation économique sous l'impulsion de gouvernements visionnaires.

Depuis une cinquantaine d'années cependant, la prééminence administrative s'est accompagnée d'attitudes routinières et de la domination des préoccupations financières de court terme. Les grands élans à l'origine du nucléaire, du spatial, du TGV et de l'expansionnisme économique ont reculé ou disparu. Une telle attitude n'a guère encouragé la création d'entreprises de niveau mondial, sauf dans quelques secteurs technologiques. Contrairement au monde anglophone, qui privilégie la concentration de ses PME et les unités de grande dimension, la taille des entreprises françaises les empêche la plupart du temps d'entretenir des secteurs recherche-développement visant de grands projets innovants. Une certaine frilosité les prive aussi d'une expansion internationale dynamique. Les marchés recherchés sont d'abord locaux ou de proximité. Beaucoup d'échanges se font dans les zones de partage linguistique, plutôt qu'à partir d'elles, en s'appuyant sur elles pour conquérir de nouveaux marchés. Cette attitude empêche la grande majorité de nos sociétés de connaître l'expansion à laquelle elles pourraient prétendre.

La domination étatique joue également contre le dynamisme des entreprises, dans la mesure où les logiques administratives et entrepreneuriales ne coïncident pas. Comme nous l'avons vu, les responsables de la fonction publique ont souvent une attitude de méfiance ou de méconnaissance à l'égard des entreprises (sauf celles à participation publique ou dirigées par des anciens de la haute fonction publique), ce dont ces dernières se plaignent. Des incohérences surviennent trop souvent entre les politiques des gouvernements et les politiques des entreprises. La propension de l'État à vouloir intervenir hors du champ régalien, dans un nombre de domaines de plus en plus large, démultiplie ces occasions de critiques réciproques. Elle entraîne surtout une perte d'énergie et d'efficacité considérable, alors que la concurrence internationale impose au contraire que le monde économique et politique tire dans le même sens.

Les pays anglophones, la Chine ou la Russie ont une attitude inverse à la nôtre : l'État s'y appuie sur ses grosses PME et leur apporte son soutien si le besoin s'en fait sentir. Pourquoi ? Tout simplement parce que les entreprises représentent un axe central de la puissance d'un pays. C'est d'ailleurs pour cette raison que les présidents français successifs ont toujours pris soin de favoriser les contrats commerciaux avec nos grandes entreprises lors de leurs voyages officiels à l'étranger. Mais de telles démarches ne sont pas suffisamment coordonnées, manquent cruellement d'une logique d'anticipation et concernent surtout de très grandes entreprises.

Les entreprises, les gouvernements et les administrations ne sont d'ailleurs pas les seuls à être impactés par ce manque de vision à long terme et de coordination. On retrouve la même prégnance court-termiste chez les syndicats, le monde associatif et, souvent, les collectivités territoriales. C'est donc dans l'ensemble des sphères de notre société qu'une révolution doit être menée en ce sens. Une large réflexion sur les besoins à moyen et long terme du pays doit être conduite par les structures étatiques et entrepreneuriales. En parallèle, une analyse sur nos capacités à y répondre doit aussi être réalisée. Leur confrontation régulière permettra de dégager des liens forts sur l'action à mener, sur la neutralisation des risques d'entraves et sur les moyens d'optimiser les activités de chacun. Il existe d'ailleurs un commissariat général au Plan, dont nul ne sait vraiment à quoi il sert aujourd'hui, mais qui trouverait une raison d'être dans l'incitation à cette réflexion et dans le rapprochement des efforts. À partir de l'ensemble de ces analyses, cette délégation pourrait dégager une vision claire que le président de la République pourrait arbitrer. C'est ensuite cette délégation qui veillerait à la programmation conjointe des entreprises et des administrations.

Une telle démarche est un impératif pour obtenir de bons résultats. Prenons un exemple : si l'on souhaite se fixer comme objectif de résoudre dans trente ans une problématique de santé publique (Covid, Ebola, cancer, diabète), pour y parvenir il faut d'abord déterminer des étapes successives. Quelles doivent être nos avancées dans cinq, dix, quinze ou vingt ans ? Quel type de mesures, d'investissements financiers ou humains, d'implantations et de partenariats faut-il avoir réalisés à chacune de ces échéances ? Quels éléments, principes de précaution trop expansifs, annualités budgétaires excessives, règles de concurrence européenne trop strictes, peuvent les entraver ? Sans ces réflexions progressives, le but ne pourra jamais être atteint dans le temps imparti.

La même exigence se décline pour l'agriculture, le spatial, le mix énergétique ou le numérique. Comment garantir sans cela une cohérence entre la politique des entreprises et la politique des gouvernements mise en œuvre par les administrations concernées ? C'est à cet exercice, à la fois théorique et pratique, que devront se livrer les personnes investies de cette mission. C'est la raison pour laquelle elles doivent se situer au niveau réellement décisionnel, tant dans les services de l'État qu'au sein des entreprises. Ne nous y trompons pas : la programmation dans la durée et, surtout, le respect des échéances relèvent de la politique, qu'il s'agisse de celle des entreprises comme de celle des gouvernements. Depuis trop longtemps, ce sont seulement les logiques administratives du court terme qui l'ont emporté. Un tel projet relève donc d'une conception nouvelle de l'action : une volonté commune, une mise en œuvre coordonnée pour un avantage équitablement réparti. Dans un domaine aussi important que la protection de l'environnement, par exemple, comment pourrions-nous mieux coordonner les intentions affichées, les actions politiques et les usages des entreprises ? Dans de nombreux cas, on assiste trop souvent à une incompatibilité entre la démarche de l'État et ce que font les entreprises. Il faut réussir à faire travailler toutes les parties ensemble, au lieu de rester coincés dans une logique de décideurs-exécutants. Pour cela, un changement de paradigme s'impose : sortir de la méfiance réciproque qui prédomine entre les entreprises et les structures gouvernementales. Voilà une mission à la hauteur de la fonction présidentielle.

Regardons en face la réalité de l'emploi

La lutte contre le chômage de masse figure officiellement en tête des préoccupations gouvernementales depuis près de cinquante ans. D'innombrables plans ont vu le jour, de multiples réformes ont été entreprises et des milliards d'euros ont été dépensés pour régler ce problème d'envergure. Au point qu'un ancien président de la République a même affirmé que « tout avait été essayé » dans ce domaine. Un constat s'impose pourtant de lui-même : même en période de croissance, le taux de chômage demeure structurellement bien trop élevé en France. Deux options s'offrent donc à nous : continuer à agir avec les mêmes logiques qui n'ont rien résolu sur le fond depuis plusieurs décennies, ou réfléchir autrement.

Si l'on regarde la vérité en face, on constate que notre pays n'a pas véritablement un problème d'emploi, mais un problème d'employabilité. Nous avons à la fois un chômage important, beaucoup d'offres d'emploi non satisfaites et une immigration qui est encouragée pour occuper un certain nombre de postes de travail. Dans des secteurs comme la restauration ou l'agriculture, par exemple, les employeurs ne parviennent pas à trouver de personnels. En parallèle, nous sommes confrontés à d'importantes difficultés d'insertion sociale. De nombreux postes de travail sont devenus de plus en plus sophistiqués et ne conviennent pas à toute une frange de la population, qui n'aurait accès qu'à des emplois non qualifiés. Lesquels, souvent, sont pourtant rejetés par les personnes à qui ils sont proposés, d'où le recours à l'immigration pour les secteurs économiques que j'ai évoqués.

Je ne pense pas que la solution soit un recours systématique à de nouveaux immigrés. Ce serait plutôt d'aller vers une valorisation de ces emplois, en permettant par exemple de les occuper de manière intermittente. Ce serait aussi une meilleure adaptation de l'apprentissage et une plus grande individualisation de la formation. Les métiers d'aide à la personne favorisent aussi l'insertion de nombreuses personnes qui ne peuvent pas suivre de formations plus poussées. Il a fallu attendre la crise sanitaire pour que se développent réellement et à grande échelle des services de livraison à domicile alors qu'aux États-Unis ces activités existent pour presque tout depuis des décennies.

Ce sont surtout les petites entreprises qui sont capables aujourd'hui de créer ces emplois très peu qualifiés, et non les grandes entreprises industrielles comme c'était le cas auparavant. Mais notre pays est-il vraiment adapté aux petites entreprises ? Non ! Il y a trop de carcans financiers, administratifs et juridiques. Comme dans d'autres domaines déjà évoqués, nous avons malheureusement oublié les principes du Code Napoléon, qui fixait un cadre général et trouvait ensuite des moyens d'application aux cas particuliers. Aujourd'hui, on préfère prendre les cas particuliers les plus improbables susceptibles de poser des difficultés ponctuelles pour en déduire une règle qui s'appliquera à tout le monde. Résultat : les dynamiques entrepreneuriales se retrouvent le plus souvent bloquées. Elles sont paralysées par la crainte de leurs dirigeants d'être en infraction avec une nouvelle réglementation non prévue et sanctionnés.

Revenons au bon sens

C'est notamment le cas pour les mesures de protection de l'environnement. Je me souviens que, au milieu des années 1990, la construction d'une autoroute avait été jugée nécessaire dans l'axe Alençon-Le Mans pour désenclaver une partie du territoire et développer les entreprises locales. Les travaux avaient pourtant été interrompus durant six ans car une espèce de scarabée risquait de voir disparaître son habitat. Un tel blocage avait été rendu possible par une réglementation très stricte prévoyant que les espèces protégées ne puissent être délogées ou détruites[1]. Dans le même ordre d'idées, la société Ikea a subi deux ans de retard pour un projet de construction à Marseille en raison d'un recours contre ce chantier qui menaçait des espèces de fleurs. En tant qu'élue locale, j'ai moi aussi été confrontée à une mésaventure similaire à Saint-Jean-de-Luz. Alors qu'une nouvelle ligne de TGV devait voir le jour, un tracé initial passait par une zone où se trouvaient des chênes dans lesquels vivaient des larves. Le projet a donc dû être repensé pour les préserver. À mon grand étonnement, le nouveau tracé qui

1. *Le Parisien*, 23 décembre 2011.

a été décidé impliquait que l'on rase l'intégralité d'un quartier avec des habitations. Je ne voudrais surtout pas passer pour une femme cruelle sans empathie aucune pour les larves, mais celles-ci valent-elles vraiment que l'on sacrifie une zone où vivent des êtres humains qui ont investi leurs économies dans l'achat ou l'aménagement de leur maison ou appartement ?

Les réglementations pour l'environnement ne sont pas les seules en cause. D'autres objectifs tout aussi louables créent également des situations kafkaïennes. C'est le cas pour l'accès des personnes handicapées. Si l'on prend l'exemple de la réglementation des Bâtiments historiques, celle-ci impose que la moindre pièce soit accessible à tous, quel que soit le coût des travaux à mettre en œuvre pour atteindre cet objectif. Il arrive donc que des parties entières de ces bâtiments doivent être fermées faute de budgets pour les travaux nécessaires. On peut penser que pas plus de deux ou trois personnes en situation de handicap auraient souhaité s'y rendre durant l'année, mais peu importe : le règlement est le règlement ! Lorsque j'étais ministre de la Défense, l'administration a ainsi tenté de me faire fermer des locaux du GIGN parce que le dortoir du troisième étage n'était pas accessible aux personnes handicapées. Je n'avais pourtant eu connaissance d'aucun handicapé dans les effectifs du GIGN…

Je ne supporte plus cette société où la seule alternative à l'inaction est de passer par le moule des modes d'action administratifs. Chaque fois que je séjourne aux États-Unis, j'ai l'impression de découvrir un pays où tout est possible. La liberté d'agir, d'entreprendre, de prendre des initiatives, donne envie d'inventer, d'entraîner les autres dans des expériences innovantes. Quand je rentre en France, je suis portée durant quelques semaines par cette envie de faire bouger les choses, de mettre en valeur les immenses potentiels de notre pays, de briser les carcans. Et puis surviennent les contraintes tatillonnes, les lenteurs, les freins, les méfiances. À l'arrivée, les « à quoi bon » finissent par avoir raison de l'élan initial. À mon grand regret, je rentre moi aussi dans le moule !

C'est cela qu'il faut faire changer de toute urgence si nous voulons cesser de lester notre pays et nos concitoyens qui aspirent à agir. Dès les premiers mois de son mandat, le prochain président doit donner l'instruction au gouvernement de recenser tous les textes dont la rédaction permet des interprétations aberrantes au regard du besoin d'action économique, sociale et culturelle. Il faut naturellement que les dérives soient interdites et les abus poursuivis. Mais les lois doivent être d'interprétation stricte, tandis que la bonne foi et l'intention altruiste doivent être reconnues comme telles. C'est aussi une façon de rendre sa juste place au domaine politique, telle qu'elle est affirmée dans notre Constitution. C'est mettre fin aux empiétements de l'administration et à certaines dérives judiciaires.

Nous sommes trop lents dans un monde qui va de plus en plus vite. Les Chinois mettent quinze jours à construire un hôpital, quand nous mettons plusieurs années. La décision du Grand Paris de creuser une ligne de métro de 200 kilomètres a suscité la création d'un Grand Moscou des transports métropolitains, qui a vu la création de 82 stations de métro supplémentaires. Le Grand Paris attend encore sa première nouvelle station. Cherchez l'erreur. Respecter des normes et un modèle social ne doit pas signifier se soumettre à l'incapacité d'agir. Les normes ont été établies pour résister au modèle ultralibéral où l'argent est la seule loi et pour protéger la population. Mais lorsque ces mêmes normes imposent à notre secteur économique la léthargie d'un État soviétique et privent des individus de leur liberté d'entreprendre, ne devraient-elles pas être revues ? Si les bons sentiments se transforment en handicaps, ce ne sont plus des bons sentiments ! D'autant que les effets sont parfois l'inverse de ceux escomptés. Lorsque l'on crée des réglementations pour les grandes multinationales, celles-ci trouvent toujours le moyen d'y échapper et ce sont les entreprises de moindre envergure qui trinquent à leur place. Résultat : aujourd'hui, les grands groupes internationaux sont devenus plus puissants que les États et les petites entreprises étouffent. Au même titre que les plus grandes fortunes échappent à la fiscalité sur les héritages, tandis que les héritiers d'un petit ou moyen patrimoine immobilier sont souvent contraints de vendre leurs biens, faute de pouvoir payer les droits. L'incessante production normative censée nous protéger doit cesser de nous enfermer. Le prochain président de la République doit tenir une promesse que presque tous ses prédécesseurs ont faite sans aller jusqu'au bout : sortir notre pays de l'enfer bureaucratique.

4

Cessons d'ignorer la majorité des Français

Le prochain président de la République aura une lourde tâche : rompre enfin avec le conformisme intellectuel dicté par le milieu politico-médiatique. La plupart des dirigeants politiques prétendent s'en affranchir, mais c'est faux : il ne s'agit que d'une posture. Affirmer que l'on refuse la « pensée unique » ou le « politiquement correct » est une chose, agir en conséquence en est une tout autre. Malgré les déclarations de principes en ce sens, les politiques ne cessent de se renier et de trahir les valeurs auxquelles croient une majorité de Français pour ne pas déplaire aux grands médias et ne pas offusquer des groupes minoritaires surreprésentés dans les débats de société.

Que de nombreux journalistes soient formatés par une idéologie qui leur fait transformer la réalité qu'ils ont sous les yeux à l'aune des dogmes de l'instant, cela n'est pas nouveau. Je me souviens d'une anecdote vécue au début de ma présidence du RPR. À l'aube de l'an 2000, j'avais organisé un grand congrès, avec près de vingt mille militants venus de toute la France. J'avais voulu que ce congrès fût festif, au nom de l'unité retrouvée, et il l'avait été. Tout le monde était très heureux d'être là. Alors que je discutais en « off » avec une journaliste d'un important quotidien national, celle-ci me confia : « L'ambiance est formidable, on n'avait plus vu ça depuis des années pour un événement politique. » Le lendemain, quelle ne fut donc pas ma surprise de lire dans l'article qu'elle avait rédigé une description très négative du congrès, qu'elle qualifiait de « ringard ». Je l'interrogeai sur le décalage entre ses propos de la veille et le ton de son papier. Je fus stupéfaite de l'entendre me répondre : « C'est vrai que l'ambiance était très sympa, mais publier un article positif sur le RPR n'est pas dans l'air du temps ! » Tel était à ses yeux ce qui devait guider une couverture médiatique : « l'air du temps ». Pas la retranscription d'éléments objectifs, pas la recherche de la vérité, pas la déontologie, mais le conformisme du moment.

Ce que nous appelions à l'époque « la bien-pensance » s'est accentué depuis vingt ans. Cette pensée n'est pas hégémonique, mais elle est largement dominante dans la sphère médiatique. Le décalage entre ce que pense la majorité de la population et les idées exprimées dans les principaux médias n'a peut-être jamais été aussi grand. Que l'on ne me dise pas que je reprends ici une antienne contre les journalistes car, oui, personnel politique et médias ont bien une responsabilité partagée dans ce rétrécissement de la pratique politique.

L'entre-soi des milieux parisiens

Le petit milieu politico-médiatique juge du bien et du mal selon son propre prisme, au grand dam de très nombreux Français qui s'exaspèrent que l'on piétine tous les jours leurs valeurs sur les plateaux télé et dans la presse. Qu'une minorité entreprenne d'imposer son mode de pensée à une majorité n'est rien d'autre que l'inverse de la démocratie. La majorité des Français n'a pas fait l'Ena, ne travaille pas dans des grandes entreprises et n'est guère passionnée par les débats sociétaux qui semblent être l'alpha et l'oméga des réseaux sociaux. La majorité des Français n'est pas constituée des quelques visages que l'on croise à l'approche des élections, à qui l'on serre la main et à qui l'on fait mine de prêter une oreille attentive avant de revenir à l'entre-soi des milieux parisiens.

Le décalage entre la vision médiatique dominante et les inquiétudes des Français a longtemps été incarné par les questions de sécurité. Ce sujet est essentiel pour la plupart de nos concitoyens, même si un pan important des médias continue de le considérer comme l'apanage de la droite, voire de l'extrême droite. Les politiques qui osent aborder sans complexe cette réalité sont trop souvent accusés de démagogie ou de « faire le jeu du Front national », selon l'expression consacrée. Les seuls moments où les gouvernants font mine de s'attaquer à l'insécurité surviennent à l'occasion de faits divers retentissants. Malheureusement, il ne s'agit que d'un traitement superficiel, puisque la seule réponse mise en avant semble être de proposer de nouveaux textes de loi, plutôt que de faire respecter l'ordre en s'appuyant sur la législation existante. D'autant que les nouveaux textes qui voient le jour à ces occasions sont si spécifiques qu'ils doivent ensuite faire l'objet de dérogations pour une multitude de problématiques annexes. Résultat : on se perd dans les procédures et plus personne ne comprend la loi. Le Code pénal n'a pas besoin d'un texte spécifique pour chacune des situations délictuelles, mais d'un cadre général qui soit réellement appliqué. Les interdictions générales doivent faire l'objet d'une punition pénale et civile qui se décline dans les cas particuliers et non l'inverse.

Une société au bord de la crise de nerfs

Même s'il faut toujours se méfier du miroir déformant que représente l'expression médiatique, je pense que la société d'aujourd'hui est plus violente qu'à l'époque où j'étais ministre de l'Intérieur. Il existe chez nombre d'individus une grande frustration et une exaspération à l'égard du fonctionnement de l'État, qui, à leurs yeux, ne comprend pas leurs attentes profondes. Plus généralement, nos concitoyens ont de plus en plus de mal à tolérer les autres, en premier lieu leurs voisins. La tolérance envers autrui semble être devenue une denrée rare, encore plus à l'heure des réseaux sociaux qui permettent l'expression anonyme de toutes les haines. Celui qui est différent, celui qui pense différemment, est vite considéré comme un adversaire, voire un ennemi. Cet état d'esprit est largement perceptible dans la montée des votes pour l'extrême droite, mais aussi chez les populistes de gauche. Nombre de nos concitoyens ont le sentiment de perdre leurs repères. Ils se sentent agressés, dans les villes, mais aussi dans les campagnes. La société bouge trop vite pour une partie grandissante de la population, d'abord du fait de son informatisation. Combien de personnes âgées sont par exemple dépassées par l'usage d'Internet, qui devient la norme pour la plupart des services de l'État comme des démarches commerciales ? Combien de retraités ne savent pas comment s'adresser à la Sécurité sociale par le biais d'un site ou d'une application ? Combien de femmes de ménage ne savent pas s'inscrire auprès du Cesu ? Ils sont nombreux, très nombreux. Cette inaptitude est d'autant plus difficile à vivre qu'elle se paie au prix fort. Tous ceux qui ne savent pas utiliser la technologie numérique sont sanctionnés en perdant des avantages.

Dans les milieux favorisés parisiens, on ignore cette réalité. L'illettrisme numérique a remplacé l'illettrisme traditionnel, par lequel de nombreuses personnes s'étaient, elles aussi, senties dépassées à l'aube des années 1950 avec le début des démarches administratives écrites. La création de la Sécurité sociale avait imposé de remplir des formulaires, ce que toute une frange de la population qui avait quitté l'école très tôt était incapable de faire. Nous vivons un phénomène semblable avec l'ère d'Internet.

D'autres facteurs de crispation frappent l'ensemble des Français. Le rapport avec l'administration est devenu la plupart du temps déshumanisé. Un citoyen n'a plus d'interlocuteur lorsqu'il effectue la majorité de ses démarches administratives. S'il tente de joindre un service de l'État, il tombe sur un répondeur automatique et doit appuyer sur des touches pour être redirigé, sans trouver le plus souvent de réponse pertinente à ses préoccupations. Certains organismes de l'État, censés maintenir le contact avec un interlocuteur, se révèlent généralement injoignables. Cela m'est arrivé récemment avec un service des impôts que je n'arrivais pas à contacter. Pour être certaine que ce service ne fonctionnait pas, je suis même restée en ligne avec le répondeur par rappel automatique durant quarante-huit heures sans que personne ne prenne mon appel ! En tant qu'ancienne ministre, je sais évidemment trouver quelqu'un à qui m'adresser en pareil cas, mais qu'en est-il des autres Français ?

Ne pas pouvoir s'adresser à un être humain pour régler un problème n'est pas anodin : cela ne peut que créer le sentiment d'être méprisé. D'autant que beaucoup de gens assimilent les grandes entreprises publiques avec lesquelles ils sont en lien dans leur quotidien, comme EDF ou La Poste, avec l'État. La déshumanisation de l'administration trouve sans doute son origine dans une volonté louable de rendre plus efficaces les services de l'État, grâce à l'informatisation des procédures mais plus sûrement dans un souci de faire des économies de personnel. En tout état de cause, l'erreur aura été de ne pas s'intéresser en aval au réel fonctionnement de ces processus et à la perception du public à leur égard. Aucun audit n'a été réalisé en ce sens. Aucune vérification, aucune étude de satisfaction ! Je suis convaincue que le mouvement des Gilets jaunes est né de ce sentiment d'être ignorés et donc méprisés par l'État. La révolte contre l'augmentation du prix du carburant n'a été qu'un élément déclencheur d'un mal bien plus profond. Voilà ce qui arrive lorsqu'on ignore une société au bord de la crise de nerfs.

Écoutons tous les Français

Les Français sont de plus en plus pessimistes, nous sommes même l'un des peuples les plus pessimistes au monde, juste devant l'Afghanistan. Seuls 20 % de nos concitoyens jugent que notre pays va dans la bonne direction (moyenne mondiale : 42 %). 70 % s'attendent à ce que la situation de notre pays se dégrade, 45 % ont le sentiment que leur niveau de vie s'est affaibli ces dernières années et 48 % pensent qu'il est aujourd'hui très difficile pour un jeune de gravir les échelons sociaux[1]. Ces chiffres sont issus d'une étude datant d'avant la crise de la Covid et il est probable que les deux années difficiles que nous avons vécues n'ont fait que renforcer de tels sentiments. Nos concitoyens sont désormais incapables de se projeter collectivement, de se penser un avenir commun.

Cette notion de collectif est primordiale pour construire l'avenir d'un pays. Elle est l'une des toutes premières exigences que l'on puisse avoir à l'égard du président de la République. Or nous vivons une époque où chacun se méfie des autres. Les règles élémentaires de la vie en société sont ignorées par un nombre croissant d'individus. Cela ne date pas d'hier.

J'ai pris conscience de l'ampleur de ce phénomène lorsque j'ai lancé le projet « Défense 2e chance » en tant que ministre. Il s'agissait de permettre à des jeunes en

1. *Les Échos*, 17 juillet 2019.

difficulté de bénéficier d'une formation globale, inspirée par l'ancien service militaire et par le service militaire adapté (SMA) qui existe outre-mer. Cette formation était encadrée par d'anciens militaires et des enseignants. Des jeunes en voie de marginalisation qui avaient envie de s'en sortir suivaient ainsi des apprentissages qui prenaient en compte tous les aspects comportementaux, scolaires et professionnels. Cette formation durait un an, avec une autre année en option. Depuis sa création en 2005, ce sont plus de quarante mille garçons ou filles qui ont ainsi appris un métier, mais aussi comment se comporter en société, puis sont sortis avec un CDI dans l'une des entreprises partenaires. Ce projet fut une grande réussite. Il m'a également permis de constater que de nombreux jeunes n'avaient jamais fait leur lit de leur vie et que saluer quelqu'un était pour eux comme une langue étrangère. Être confronté à cette réalité permet de prendre conscience qu'il est possible d'agir pour changer la donne et que nombre de ceux qui vivaient jusque-là aux marges de la société, proches de la délinquance pour certains, ne demandent qu'à s'en sortir par eux-mêmes. Mais cela nécessite une volonté et un discours qui encouragent à faire des efforts. C'est le rôle des politiques de montrer la voie, au lieu d'entretenir un système dans lequel il est plus facile de ne rien faire.

Bien des contribuables ont l'impression qu'il vaut mieux toucher des aides sociales que travailler. À leurs yeux, la notion de promotion sociale par l'effort et le travail semble éteinte. Loin de Paris, cette valeur demeure très importante et nombre de Français ont le sentiment qu'elle est oubliée par le traitement des médias parisiens. Pire : elle n'est que trop rarement mise en avant par les politiques eux-mêmes. Par peur de stigmatiser ceux qui ne travaillent pas, beaucoup n'osent pas s'attaquer réellement aux dérives de l'assistanat et tenir un langage de vérité. Ils préfèrent se cacher derrière de fausses pudeurs et faire monter la colère de la France qui se lève tôt, comme on disait à une époque pas si lointaine.

Les habitants des régions se sentent méprisés par l'État. En réalité, il ne s'agit pas d'un mépris intentionnel, simplement d'une ignorance de ce qu'est la vie en province par des décideurs qui sont en très grande majorité des Parisiens. Il en va de même pour tous les Français qui ne travaillent pas pour des grands groupes et qui ne se reconnaissent pas dans les discours de politiques souvent issus des mêmes milieux universitaires et socioprofessionnels, avec des parcours similaires. Raison pour laquelle les textes réglementaires ou législatifs sont si éloignés de ce que vivent les artisans ou les salariés des petites entreprises. Ceux qui rédigent ces textes ne connaissent que les grandes entreprises ou les services de l'État. Les débats du Conseil économique et social sont également menés par des personnalités issues de grandes entreprises, y compris les représentants des syndicats. Le prisme à travers lequel ils perçoivent le monde économique est donc déformé.

Des minorités organisées parviennent à se faire entendre à travers les médias et leurs revendications sont donc prises en compte par le pouvoir politique. Elles sont rarement représentatives des catégories de ceux qui, au quotidien, consacrent tout leur temps à faire vivre une petite entreprise ou leur famille.

La majorité que l'on qualifie souvent de silencieuse ne l'est pas vraiment : les Français qui la composent sont seulement inaudibles par les milieux politico-médiatiques. Inaudibles car ils s'expriment trop loin des centres de pouvoir. Inaudibles car leurs plaintes ne sont pas liées à des sujets à la mode médiatique. Inaudibles car ils sont jugés indignes d'être considérés comme des victimes. Pourtant, ces Français-là sont nombreux et ils sont très en colère. Les médias et les politiques soulignent souvent que les habitants des banlieues difficiles vivent coupés du reste du monde, certains utilisant même cet argument pour expliquer la délinquance d'une partie de la jeunesse qui y vit. En revanche, jamais un tel constat n'est dressé pour les campagnes, qui représentent pourtant une part très importante du territoire français. Cette population n'est-elle pas elle aussi largement privée de l'accès aux services publics ? Aux commerces ? Aux loisirs ? Cette population ne rencontre-t-elle pas, elle aussi, des difficultés pour accéder à l'emploi ? À la formation professionnelle ? À la culture ? N'est-elle pas frappée par une baisse du pouvoir d'achat ? N'est-elle pas confrontée à une désertification médicale ? Sa jeunesse ne subit-elle pas la dictature des horizons bouchés ? Il suffit de s'y rendre et de tendre l'oreille aux cris de ces habitants pour obtenir les réponses.

En dehors des périodes électorales, aucun dirigeant politique ne se rend pourtant dans ces territoires avec une armée de caméras. Aucun ministère ne débloque des milliards d'euros pour y améliorer le présent et dessiner un autre avenir. Aucune personnalité du showbiz ne vient « sonner l'alarme » sur un plateau de télévision. Les habitants des campagnes ont le tort de respecter la loi et de ne pas provoquer d'émeutes. Mais leur colère finira par se faire entendre si l'on continue de l'ignorer. Et même dans les quartiers ou les banlieues, tend-on souvent le micro à ceux qui n'aspirent qu'à vivre tranquillement du fruit de leur travail ?

Les dirigeants politiques ne méprisent pas cette France-là, ils ne la connaissent pas et ne perçoivent pas l'urgence d'agir pour elle. Depuis combien d'années nos gouvernements ne mènent-ils plus de véritable politique d'aménagement du territoire ? Plus de vingt ans lorsque Jean-Pierre Raffarin a supprimé le commissariat au Plan et la Datar ! Le but d'une telle politique était pourtant de prendre en compte dans le temps et dans l'espace les problématiques différentes auxquelles sont confrontés ceux qui vivent à Paris ou en province, dans les villes ou dans les campagnes, proches ou éloignés des zones d'emplois. Les médias nationaux n'envoient pas leurs reporters loin des grandes villes, sauf à l'occasion d'un fait divers sordide. Et aux yeux des politiques, si la sphère médiatique ne traite pas d'un sujet, c'est que celui-ci n'existe pas. Le prochain président de la République devra mettre fin à cet aveuglement qui n'a que trop duré.

5

Prenons toute notre place dans l'élaboration du nouveau monde

La France possède d'innombrables atouts naturels et humains pour relever les défis planétaires qui s'annoncent. Mais leur énumération suffirait-elle à faire taire ceux qui se complaisent dans le dénigrement de notre pays ? À ouvrir les yeux de ceux qui doutent de sa capacité à construire un avenir meilleur ? À faire ravaler leurs paroles à ceux qui font tout pour décourager, entraver, niveler ? Il n'est de pire aveugle que celui qui ne veut pas voir. Nos atouts sont pourtant là, nous les avons à notre portée ! La France a des ressources à faire valoir dans le monde qui se dessine sous nos yeux, mais elle les ignore ou ne sait pas les mettre en valeur. Elle n'a pas confiance en elle, alors que tant de peuples ont encore les yeux tournés vers elle, vers ses valeurs, sa spécificité. Alors, stop au défaitisme !

Nous avons été en avance dans de nombreux domaines, mais nous n'avons pas su capitaliser sur nos initiatives. Un exemple parmi tant d'autres : les véhicules autonomes. Nos entreprises ont été parmi les premières à travailler sur ce sujet, mais les expérimentations en terrain réel ont eu lieu à Abou Dabi ou à Singapour. Des pays plus proches de nous, comme les Pays-Bas, la Norvège, la Suède ou la Finlande, nous ont aussi largement dépassés dans ce domaine. Au moment de franchir un cap majeur, nos constructeurs n'ont pas pu, pas su ou pas voulu accélérer leurs efforts pour développer les technologies de conduite nécessaires. Nous avons des idées innovantes, mais pas suffisamment de volonté pour les mener jusqu'au bout. Pour cela, il aurait fallu aller plus loin dans l'anticipation, l'innovation, les infrastructures et l'acception sociale. Nous avons été parmi les premiers à créer la fibre optique il y a plusieurs années, avant de faire marche arrière et de nous retrouver contraints par la suite d'acheter des technologies américaines.

J'ai récemment participé à une importante réunion géostratégique avec des représentants de nombreux pays. En discutant avec les uns et les autres, le constat s'imposait de lui-même : la France se retrouve dans une voie de décadence alors qu'elle dispose de tous les moyens pour réussir. Si l'on compare la vitesse avec laquelle se transforment de nombreux autres États et la lenteur qui nous caractérise trop souvent, comment pouvons-nous imaginer prendre toute notre part à la marche d'un monde en pleine transformation ? Pourquoi nous imposons-nous de rétrécir à l'heure où la grandeur devient un impératif de survie ?

Retrouvons notre voix !

Par nature, le monde n'a jamais cessé de se confronter à des évolutions majeures qui ont imposé à ses dirigeants de trouver des réponses. À l'aube du second millénaire, ces évolutions se sont accélérées comme peut-être jamais depuis la naissance de l'humanité. Les enjeux auxquels nous devons faire face sont d'ordre humanitaire, sanitaire, sécuritaire, économique et environnemental. Ils peuvent se résumer en une question : comment permettre à notre planète de rester vivable pour les siècles à venir ?

L'heure n'est donc plus aux affrontements entre civilisations, entre nations ou entre idéologies. Ne soyons pas naïfs : ceux-ci perdureront malgré tout et freineront malheureusement les collaborations entre les pays pour trouver des solutions globales. Il n'en reste pas moins que l'avenir nous imposera à tous d'abandonner au moins partiellement les réflexes nationaux et les logiques communautaires. Car, peut-être pour la première fois, nous sommes face à l'absolue nécessité d'assurer notre avenir en tant qu'espèce.

Pour cela, l'attentisme n'est pas une option. Nous devons agir ! Chaque étape de l'action nécessite de prendre en compte les chances à saisir, mais aussi les risques auxquels nous sommes confrontés. Pour ce qui est des risques, je ne m'appesantirai pas outre mesure sur la sécurité. J'ai toujours considéré que nous vivions dans un monde dangereux, mais ce que j'ai vu et appris aux ministères de la Défense et de l'Intérieur me fait considérer qu'il l'est de plus en plus. Comment ne pas constater la multiplication des régions instables, l'accroissement des tensions autour des ressources naturelles, la montée du terrorisme, la propagation de l'intolérance, l'augmentation des impacts environnementaux et sanitaires de la mondialisation ? Un candidat à la présidentielle qui n'en tirerait pas les conséquences, en s'engageant à assurer au pays une défense crédible et souveraine, n'aurait évidemment pas les qualités requises pour l'Élysée.

Le monde ne se limite cependant pas à la montée des tensions sécuritaires. Les risques viennent aussi de la croissance exponentielle des concurrences économiques, qui ont bien sûr un impact sur les perspectives sociales et culturelles. La domination économique des États-Unis leur a permis d'exporter leur cinéma, leur musique, le Coca-Cola ou encore une certaine mode « *casual* ». Toute une culture en somme qui favorisait les exportations des produits et de l'économie américains. Quant à la France, cinquième puissance économique mondiale en 1999, elle a régressé au sixième rang en 2015, passant derrière le Royaume-Uni. Quatre ans plus tard, en 2019, elle n'était plus que septième derrière l'Inde…

Certes, notre statut de puissance nucléaire – merci au général de Gaulle ! – et une certaine tradition diplomatique permettent encore à notre pays de faire entendre sa voix. Est-il pour autant réellement écouté ? Et si c'est le cas, pour combien de temps encore ? La disproportion entre son poids économique et sa volonté d'exprimer un avis le font qualifier d'arrogant. Au même moment, d'autres États, tels la Russie et la Chine, font entendre une voix qui séduit de plus en plus chez ceux que l'on appelle parfois les non-alignés. Ce déclassement de notre pays est encore plus net quand on prend en compte la logique internationale – et de plus en plus américaine – des grandes entreprises françaises. Lors de la crise iranienne, j'ai été scandalisée de voir Total, Renault, PSA, Airbus ou nos principales banques se coucher devant la menace de sanctions des États-Unis. Comment ces sociétés porteuses du prestige de la France ont-elles pu agir de la sorte, alors même que notre gouvernement appelait au maintien du dialogue pour faire respecter l'accord sur le nucléaire ? Pendant ce temps, la Chine et la Russie venaient occuper le champ laissé libre.

Reconnaissons-le : les intérêts des grandes sociétés n'ont souvent rien à voir avec leur nationalité. En dehors de leur siège social, leur attachement à leur pays d'origine n'est au mieux qu'un atout marketing. Dès lors, comment s'étonner que la logique d'action de l'État français soit battue en brèche dans les négociations internationales ? Elle l'est par les États-Unis, capables d'imposer brutalement leurs intérêts, même s'ils sont parfois contraires à l'équilibre du monde. Elle l'est aussi par les grands pays comme la Chine et la Russie. Ces pays, aiguillonnés par leur fierté nationale et encouragés par les errements occidentaux, voient l'occasion de se replacer au centre de l'échiquier diplomatique, avec des arrière-pensées de conquête de nouveaux marchés. Cette tendance est d'autant plus accentuée que la vision française des grands équilibres mondiaux nord-sud, mais aussi est-ouest et du non-alignement longtemps porté par la tradition gaulliste, se dissout de plus en plus dans une attitude européenne floue.

En tant qu'Européenne convaincue, je ne trouve pas de mots assez forts pour déplorer l'absence d'une véritable Défense de l'Union. En plus d'une capacité à défendre ses citoyens et de la garantie de son indépendance, celle-ci obligerait les pays européens à déterminer les lignes majeures sur lesquelles ils sont prêts à engager leurs militaires. Au lieu de cela, j'ai constaté, au sein du Parlement européen en particulier, une idéologie « droit-de-l'hommiste » prétexte à ignorer les grands enjeux sécuritaires autant qu'économiques et l'influence des Américains sur les décisions d'un certain nombre des pays membres. Tout cela entretient la nébuleuse de la politique étrangère de l'Europe. Le manque de personnalité des responsables successifs de la prétendue diplomatie européenne renforce cette carence. Résultat : l'Europe est inexistante dans les grands débats. La France est également inaudible car son appartenance à l'Union européenne ne lui permet pas de s'exprimer d'une voix forte, d'autant qu'elle plaide pour une diplomatie commune. Le futur président de la République ne peut continuer à accepter ce mutisme tacite. Il devra redonner sa voix à la France.

Tendons la main aux pays émergents

Que nous le voulions ou non, la mondialisation continuera de bouleverser la donne économique et politique. La première manifestation évidente est la montée des pays émergents dans les champs économique, technologique et politique. La Chine, l'Inde, le Nigeria, l'Afrique du Sud et le Brésil pèseront de plus en plus dans la richesse mondiale. Au cours des dix dernières années, je me suis beaucoup déplacée dans ces États. À chaque voyage, j'ai pu constater leurs avancées économiques. S'appuyant d'abord sur un coût du travail très compétitif par rapport à l'Occident, ils ont conquis des marchés, remplacé des entreprises à main-d'œuvre peu qualifiée, annexé et monopolisé des secteurs entiers de production. On l'a constaté dès les débuts de la crise de la Covid, quand les approvisionnements de matériaux originaires de ces États se sont arrêtés, pour les particuliers comme pour les grandes entreprises. Certes, des crises comme celle-ci peuvent freiner, voire remettre en cause le développement de ces économies émergentes. Mais le mouvement est là, logique et inexorable. Il est prévisible que de nouveaux pays rejoindront le groupe des émergents, au fur et à mesure de la résolution de leurs problèmes de gouvernance et de l'élévation de leur niveau d'éducation. Nous ne devons pas craindre cette émancipation. Mieux : nous devons l'encourager.

Comme ancienne secrétaire d'État à l'Enseignement autant que comme ministre des Affaires étrangères, j'ai constaté que la dimension éducative représente une composante essentielle du développement économique. Le critère du bas coût de main-d'œuvre devient de plus en plus secondaire dans la concurrence mondiale. La machine remplace l'homme dans un nombre de plus en plus important de fabrications. La plus-value compétitive découle de la sophistication de la production. La technologie est le nouvel horizon des économies émergentes. Dans tous les domaines, du spatial au biologique, de l'aéronautique à l'informatique, la Chine se dote de capacités à un rythme accéléré. Discrètement mais efficacement, l'Inde rivalise avec les pays les plus avancés, qui collaborent volontiers à la performance de ses laboratoires et de ses centres de recherche. Il suffit de visiter son centre de fabrication des satellites pour s'en persuader.

J'ai été bluffée, je le reconnais, lors d'une de mes visites avec Jacques Chirac dans l'un de ces centres indiens. Nous avons découvert à cette occasion un laboratoire exactement au même niveau que celui que j'avais visité quelques semaines auparavant près de Nice. La compétence de ses ingénieurs, en électronique ou informatique, leur ouvre grand les portes des entreprises européennes ou américaines. Mais c'est l'ensemble des travailleurs qui doit posséder les savoir-faire techniques et les capacités de s'intégrer dans la chaîne de production. D'où l'importance de la généralisation d'une scolarisation de qualité dans tous les pays. Elle est la condition de la réussite nationale et personnelle. Nous en avons chaque jour la preuve : dans tous les domaines du marketing, des nouveaux médias ou de la publicité, de nouveaux talents africains ou maghrébins se révèlent. En raison de notre proximité historique avec nombre de pays du continent africain, nous avons la possibilité de les accompagner pour aller plus loin dans ce domaine. Pas comme ancien pays colonisateur qui ferait perdurer le règne de la « Françafrique », mais comme un partenaire désireux de faire aboutir des objectifs communs dont chacun sortirait gagnant. Le prochain président français devra s'atteler à cette tâche, même si elle est complexe et ne manquera pas de créer des tensions temporaires. Il faudra faire preuve de courage et de détermination, mais de telles qualités ne sont-elles pas l'apanage d'un véritable chef d'État ? Nous avons devant nous d'immenses défis à relever. La France a des atouts considérables pour apporter les solutions, plus encore si elle sait trouver des alliés. Les besoins sont considérables.

Comment nourrir 10 milliards d'habitants ?

Une équation vitale s'impose à nous : comment survivre dans un monde où le nombre d'individus augmente de façon exponentielle, alors que les ressources naturelles se réduisent au même rythme ? Les prévisions de l'Onu les plus récentes anticipent un accroissement de la population mondiale (7,7 milliards fin 2019) à 9,7 milliards en 2050, puis environ 11 milliards en 2100[1]. Les perspectives ne sont cependant pas les mêmes sur l'ensemble des zones du globe. L'Afrique subsaharienne verrait sa population croître de manière très importante. Avant la crise de la Covid, certains analystes estimaient que la population du continent africain pourrait atteindre entre 2 et 2,5 milliards d'habitants en 2050, soit une progression de près de 300 %. À l'opposé, les pays les plus développés, comme les États-Unis, l'Allemagne ou la Grande-Bretagne, ont une courbe de décroissance démographique sensible. Ces données ne sont évidemment pas sans conséquences économiques, sociales et géopolitiques. Le déclin du nombre de personnes en âge de travailler constitue un frein au dynamisme économique, accentué par les difficultés de financement des retraites tandis que l'augmentation des besoins liés à la croissance démographique exige des réponses en termes de nourriture, d'accès à l'eau potable, aux médicaments et au logement. La France est une exception à la baisse de la population attendue dans les pays développés, ce qui théoriquement doit favoriser son dynamisme.

Notre pays a un rôle majeur à jouer dans les défis mondiaux qui s'annoncent. Si nous n'en prenons pas conscience, nous commettrons un crime moral au regard des enjeux humanitaires. Les images télévisées d'enfants squelettiques dans les bras de leur mère nous bouleversent

1. World Population Prospects 2019 (United Nations, Department of Economics and Social Affairs, Population Dynamics).

dès qu'une famine survient dans un pays éloigné. Je peux vous assurer que c'est encore plus déchirant lorsque vous avez en face de vous non l'image, mais l'enfant lui-même. Nul ne peut s'habituer à de tels drames humains. La faim dans le monde n'a pas disparu avec le progrès technologique et l'accroissement des richesses sur l'ensemble des continents à la faveur de la mondialisation. Des populations entières sont restées à l'écart de la course au progrès et leur sort n'est pas près de s'améliorer sans des changements profonds. Pire : l'épuisement des ressources naturelles risque de frapper des pays qui étaient jusqu'alors relativement préservés. En 2017, on recensait 821 millions de personnes touchées par la faim, au lieu de 804 millions en 2016. Le continent africain est emblématique de cette dégradation. La sous-alimentation concerne aujourd'hui un quart de sa population et ne cesse d'augmenter : + 22,6 % en six ans en Afrique subsaharienne. Trois millions d'enfants meurent chaque année de sous-nutrition et plus de 50 millions souffrent d'émaciation. Combien en ai-je vu sur les lieux de conflits ou dans les régions désertiques ? Trop, beaucoup trop.

Des centaines de millions de personnes dépendent pour leur survie des exportations en céréales d'une quinzaine de pays dans le monde, dont la France. Avec les perspectives de l'expansion démographique, les besoins ne vont cesser de croître. Or l'agroalimentaire est un point fort de notre pays. La France est le premier producteur européen de produits agroalimentaires avec près de 70 millions de tonnes de céréales, le troisième exportateur européen de produits agroalimentaires, le premier exportateur mondial de pommes de terre, le troisième en eau minérale, le quatrième pour les céréales et le sixième pour le bétail. Avec un tel statut, nous avons le devoir impérieux d'être aux avant-postes pour nourrir la planète. Pas seulement par charité, humanisme ou pitié, mais parce que ne rien faire nous exposerait à des menaces telles que nous n'en avons jamais connues en termes de sécurité et de vague migratoire. Aucun pays riche ne peut vivre en paix en face de continents qui meurent de faim.

Soutenons davantage notre agriculture

La France est l'un des acteurs majeurs de la réponse aux besoins mondiaux de ressources alimentaires. Encore faudrait-il développer nos formidables atouts dans ce domaine. Je me souviens avec précision de mes conversations avec Jacques Chirac, grand défenseur de notre agriculture s'il en fut, sur la chance que notre dynamisme agricole représentait pour notre pays. Une chance non seulement économique, mais aussi politique. Pourfendeur des fonctionnaires de l'Europe et du ministère du Budget dès que l'on touchait à « ses » agriculteurs, Jacques Chirac avait la conviction qu'un pays qui peut non seulement nourrir ses habitants, mais aussi aider à nourrir d'autres peuples acquiert de ce seul fait une influence politique internationale. L'ancien président aimait la partager dès qu'il en avait l'occasion. Je l'ai accompagné à plusieurs reprises au Salon de l'agriculture. Je peux vous assurer qu'il ne faisait pas comme ses ministres – moi y compris, je le confesse – qui passaient discrètement à leurs officiers de sécurité les plats et les verres que les producteurs leur donnaient à goûter. Au contraire : il en redemandait ! Il fallait pourtant avoir l'estomac bien accroché pour déguster dans un ordre improbable du lait, du vin, de la bière, une brioche, une tranche de bœuf, de l'andouille, de la confiture d'abricots, des huîtres, du camembert et du foie gras…

Pour autant, derrière ce côté folklorique, cette variété de mets, cette richesse culinaire que le monde entier nous envie, il existe une réalité économique indéniable : la France est une puissance alimentaire. Il suffit de regarder nos entreprises pour le constater. Notre pays compte de nombreux fleurons de l'agroalimentaire mondialement reconnus : Danone, numéro un mondial pour les produits laitiers frais et aliments infantiles, Pernod-Ricard, leader des spiritueux de luxe, ou encore Lactalis pour l'industrie laitière. Même si le monde rural a vu son poids sensiblement diminuer par rapport à d'autres activités économiques, celui-ci demeure attractif. Selon Business France, en 2016 et 2017, près de cent cinquante projets étaient présentés par des investisseurs étrangers pour s'implanter sur notre sol.

L'agroalimentaire est l'un des domaines d'activité qui s'est le plus transformé et adapté au cours des trente dernières années. Nul doute qu'il saura encore le faire face à un accroissement de la demande. Encore faut-il qu'on lui en donne la possibilité. En premier lieu, cela nécessite de prendre en compte la rentabilité des exploitations, qui conditionne les revenus des agriculteurs. J'ai suivi plus de vingt ans durant les âpres négociations de la Politique agricole commune (PAC) au Conseil des ministres et au Parlement européen. Pendant des années, la PAC a permis la modernisation du monde agricole. Sa mise en cause répétée par les pays du nord de l'Europe, davantage axés sur l'industrie, menace la survie de nombre de domaines, au moment où la demande mondiale s'annonce exponentielle pour les décennies à venir. Tiraillée entre les intérêts divergents des États membres, la Commission européenne peine à se positionner et tarde à annoncer des décisions. La gestion des excédents est certes un problème récurrent pour les agriculteurs européens, mais elle doit aussi être mise en regard des besoins mondiaux des prochaines années. La vue à court terme, encouragée par les intérêts immédiats des grandes centrales d'achat, crée un risque d'affaiblissement d'un domaine d'activité économique incontournable dans les prochaines années et facteur de richesse comme de puissance pour le pays.

Le prochain président de la République devra donc davantage soutenir l'agriculture et le monde agricole. Au-delà même de la production alimentaire directe, ce secteur suscite l'activité de dizaines de domaines dans lesquels notre pays abrite des leaders mondiaux de toutes tailles. J'ai été épatée, lors d'une de mes visites de terrain dans mon eurocirconscription, de découvrir dans une toute petite commune une entreprise dont les dirigeants avaient inventé une trieuse automatique de fruits. Forte de cette initiative, cette société détenait le monopole de ce mécanisme et exportait jusqu'en Chine ! Ce simple exemple démontre que ce ne sont pas seulement les agriculteurs qui représentent une chance de répondre aux défis alimentaires à venir. Toute une industrie doit prendre le relais pour relever les défis de demain.

Nos mers regorgent de richesses

La terre n'est pas la seule origine de la nourriture : les océans et les rivières y contribuent largement. Même s'ils sont moins nombreux, les pêcheurs, et plus généralement les gens de mer, sont susceptibles d'apporter une contribution non négligeable et encore trop méconnue. La France bénéficie de la deuxième zone maritime la plus vaste au monde, avec ses 18 000 kilomètres de côtes. Elle jouit également d'une zone économique exclusive (ZEE) de 11 millions de km^2 répartis sur la quasi-totalité des mers, grâce notamment à ses territoires ultramarins. L'activité économique traditionnelle liée à la pêche a beau être en déclin depuis une trentaine d'années, elle représente encore une source importante d'emplois, avec quatre mille cinq cents poissonneries et trois cents entreprises. De nouvelles activités se font jour, liées au tourisme côtier et aux croisières. Ces dernières permettent d'ailleurs de revaloriser la construction navale. À titre d'exemple, Saint-Nazaire vit désormais une nouvelle jeunesse autour des chantiers de l'Atlantique.

Les questions de la surpêche et du dépeuplement des zones poissonnières sont souvent évoquées. Mais ces thèmes sont mis en avant plus par des idéologues davantage enclins à la dénonciation stérile que par ceux qui travaillent à une meilleure et durable exploitation des océans. Croyez-en l'ancienne maire de Saint-Jean-de-Luz ! Ma commune fut l'un des grands ports thoniers, avant de régresser au profit d'autres villes. Elle demeure néanmoins une source d'approvisionnement de poissons de nombreuses espèces aussi délicieuses les unes que les autres : louvines, dorades… Je n'oublie pas les élevages de truites dans l'économie du Pays basque. Élue de Saint-Jean-de-Luz durant près de vingt ans, députée de la côte Basque plus longtemps encore, députée européenne ces dernières années d'une circonscription qui va du nord de Bordeaux au sud de Perpignan, j'ai souvent été confrontée à ces sujets.

Pêche et aquaculture confondues, la France est le troisième producteur de l'Union européenne, avec environ 700 000 tonnes annuelles. Des entreprises d'aquaculture ont été créées sur presque toutes les côtes depuis 1974. Ce secteur reste toutefois encore peu développé en France, au regard des résultats de la Chine et des pays asiatiques qui représentent 90 % de la production mondiale. Les principales raisons avancées pour limiter cette activité sont la concurrence avec la pêche traditionnelle et, surtout, la pollution qui en résulte. Des chercheurs des grands centres nationaux – Ifremer, Inra, IRD, Cirad – travaillent à améliorer la génétique des espèces, leur résistance aux maladies et les rendements, tout en diminuant leur impact négatif sur l'environnement. Des processus de décontamination des effluents d'élevage sont actuellement testés. Le CO_2 généré fait lui aussi l'objet d'expérimentations, en vue de son absorption par des microalgues. Outre la pêche, le domaine maritime procure donc de nombreuses autres ressources alimentaires à partir des algues. La recherche est en train de déboucher sur une exploitation et une commercialisation prometteuses.

Ces domaines sont encore trop méconnus et font l'objet d'une ambition insuffisante quant à leur développement. Ce sera également le rôle du futur chef de l'État de confier des missions en ce sens aux responsables des ministères concernés. Préserver les océans par des mesures environnementales est absolument essentiel, mais nous devons investir en parallèle pour bénéficier de manière responsable de toutes les richesses qu'ils ont à offrir.

Des besoins criants en eau potable

Les attentes de la population de notre planète ne se limitent pas aux denrées comestibles : les besoins en eau potable sont aussi indispensables, voire davantage. Toute l'histoire de l'humanité est marquée par le besoin d'accès à l'eau, pour les hommes comme pour le bétail. L'augmentation de la consommation d'eau a explosé au cours des cinquante dernières années. La croissance démographique accroît régulièrement la demande, mais le développement économique aussi : surconsommation des particuliers, agriculteurs ou industriels, pollution des rivières et réchauffement climatique s'additionnent pour mettre en péril l'eau, source et condition de la vie sur la planète. Les presque trois quarts de la ressource sont utilisés pour l'irrigation en agriculture, 20 % pour l'industrie et 10 % pour la consommation humaine. Dans le même temps, le changement climatique, avec des saisons sèches plus longues et plus intenses, affecte un nombre croissant de régions. Des restrictions d'eau se multiplient dans l'ensemble du continent africain, mais aussi en Europe à certaines périodes. Le Cap en Afrique du Sud, avec ses quatre millions d'habitants, vit depuis 2018 avec des restrictions d'eau drastiques, dans l'espoir d'échapper au « jour zéro ». En Inde, les experts tirent la sonnette d'alarme depuis plus de dix ans. En Europe, les scientifiques scrutent avec inquiétude la baisse du niveau des nappes phréatiques.

C'est donc dans le monde entier que le rapport entre l'utilisation de l'eau et la disponibilité de la ressource pose question. L'impact se fait d'ores et déjà sentir partout. Les actes de violence liés aux problèmes d'accès et d'approvisionnement ont sensiblement augmenté ces dernières années en Inde ou en Syrie. Les tensions politiques entre la Libye et ses voisins du sud, du fait du projet de la « grande rivière » – canal d'irrigation de 2 000 kilomètres pour lequel l'eau était pompée dans la nappe partagée entre la Libye et l'Algérie – ont marqué les années 2000, avant le renversement du régime du colonel Kadhafi. La situation, tendue et non résolue, entre Israël et la Palestine doit aussi beaucoup à la question de l'accès à l'eau. Bien d'autres exemples peuvent être cités, de l'Asie centrale au Maghreb, en passant par l'Australie ou le continent sud-américain. À tel point que l'Onu elle-même a encouragé la création d'un instrument destiné à prédire l'apparition de conflits sur une année dans ce domaine. Pour y parvenir, cet instrument intègre des données relatives aux quantités de précipitations, aux périodes de sécheresse, ainsi qu'aux facteurs économiques et sociaux sur vingt ans[1]. Dans son rapport annuel, l'Onu confirme que trois personnes sur quatre n'ont pas accès à l'eau courante à la maison, faute de réseau de distribution. Qu'en sera-t-il dans dix, vingt ou trente ans si nous ne faisons rien ?

Les récents et tragiques événements d'Afghanistan m'ont remis en mémoire un épisode vécu lorsque

1. Projet Water, Peace and Security.

j'étais ministre de la Défense. Je m'étais rendue dans un minuscule village aux alentours de Spin Boldak, à la frontière afghano-pakistanaise, où j'avais rencontré des femmes afghanes. En raison de mon statut de ministre, le chef de village m'avait conviée à sa table, avec l'hospitalité typique de ce peuple. Mais ma condition de femme me permettait aussi de pénétrer dans la cour arrière, où vivaient les femmes et les enfants. Lors de mes déplacements à l'étranger, j'ai souvent privilégié ces rencontres informelles, en marge des échanges avec les autorités, car elles permettent de mieux découvrir la réalité d'un pays. Ces femmes afghanes m'ont décrit leur vie quotidienne en faisant fi des conventions habituelles lorsqu'on s'adresse à un représentant d'un gouvernement étranger. Elles m'ont parlé des cinq kilomètres de marche qu'elles effectuaient chaque matin et chaque soir pour remplir d'eau leurs jerrycans au puits le plus proche. Pour cela, elles devaient affronter ce désert, magnifique de beauté mais rude, qui les privait d'un temps qu'elles auraient pu consacrer à leur vie personnelle. Par l'intermédiaire d'un interprète, elles me disaient : « Vous, les Occidentaux, cela fait quatre ans que vous êtes dans notre pays avec vos militaires. Nous vous sommes reconnaissants de nous avoir rendu nos libertés dont nous privaient les talibans, mais notre vie n'a pas vraiment changé depuis. Pourquoi n'y a-t-il pas un puits dans notre village ? Avec vos moyens, vous pourriez pourtant en creuser un pour nous épargner la fatigue et le temps perdu. » Au regard de ce qui se passe aujourd'hui dans ce pays, cette réflexion est à mes yeux l'une des explications de notre échec en Afghanistan. Après un premier succès militaire indéniable, d'énormes moyens avaient été mis en œuvre. Mais la vie de beaucoup d'Afghans n'avait pas changé pour autant. Une existence aussi pénible ne leur donnait guère envie de soutenir le gouvernement en place ni de lutter contre le retour des talibans.

Ce que j'ai vu en Afghanistan, je l'ai constaté dans bien d'autres pays africains, la Mauritanie, le Mali ou le Sénégal. Même lorsque des canalisations existent, l'insuffisance de leur entretien entraîne des déperditions considérables. Rien qu'en France, les taux de fuite dépassent 15 % de l'eau produite. Imaginez ce qu'il en est dans des États en guerre ou dans des contrées sans infrastructure ni capacités d'entretien ! Une telle situation est paradoxale, pour ne pas dire scandaleuse, à l'heure où chacun reconnaît que, d'ici une trentaine d'années, la ressource en eau deviendra très incertaine, qu'il s'agisse des nappes phréatiques, des rivières ou des lacs.

En matière de production, de transport ou de distribution, le marché économique mondial de l'eau est pourtant florissant. En volume annuel, il représente aujourd'hui près de 600 milliards d'euros, avec un taux de croissance annuel oscillant entre 5 et 6 %[1]. Il faut en avoir conscience : dans ce domaine aussi, la France occupe une incontestable position dominante. Deux entreprises hexagonales, Veolia et Suez, concentrent entre 50 % et 70 % du marché mondial. Elles sont accompagnées de nombreux autres groupes, grandes entreprises ou PME qui contribuent au rayonnement de la France dans les spécialités les plus pointues du domaine. Des start-up françaises démontrent aussi leur capacité

1. Selon Pictet Asset Management.

d'innovation dans des niches technologiques très spécialisées telles que le dessalement solaire photovoltaïque sans batterie (Mascara Renewable Water) ou la production d'un liquide chimique capable d'extraire directement le sel (Adionics).

Ces secteurs sont primordiaux pour les défis à venir : la recherche et l'innovation s'activent désormais autour de solutions pour recycler ou transformer des eaux non potables ou non consommables. Le CNES[1] et bioMérieux, spécialiste mondial du diagnostic biologique, ont ainsi établi un partenariat pour créer un outil destiné à mesurer la potabilité de l'eau. Ce projet, baptisé Aquapad, analyse la qualité de l'eau à partir des rejets sanitaires. Il a été testé à bord de la Station spatiale internationale pendant six mois et offre à présent des perspectives sérieuses pour les pays en manque de ressources aqueuses consommables. Il constitue un apport important aux recherches dans ce domaine.

Le recyclage des eaux usées voit aussi ses techniques se développer considérablement, notamment dans le domaine industriel. Aujourd'hui, seules 5 % des eaux usées sont recyclées. Veolia est récemment parvenu à instaurer le « zéro rejet d'eaux polluées » dans l'usine Renault de Tanger. Le dessalement de l'eau de mer, dont on rêve depuis longtemps, fait l'objet d'initiatives dans plusieurs pays. Veolia et Suez se positionnent en leaders sur ce marché, avec un quart des usines de dessalement dans le monde.

Transformer de l'eau non potable en eau potable ne relève donc plus de la science-fiction. Il s'agit d'un objectif

1. Centre national d'études spatiales.

atteignable à moyen terme et d'une réponse vitale à l'épuisement de la ressource. La recherche dans ce domaine a pourtant encore besoin d'investissements. Les entreprises y contribuent largement, mais le prochain président français devra aussi montrer davantage d'ambition en ce sens. Je n'en vois la trace dans aucun des programmes présentés par les candidats à ce jour.

Vivre plus vieux mais en bonne santé

Si la population mondiale connaît une courbe démographique ascendante, l'espérance de vie progresse quant à elle de manière plus ou moins accentuée selon les régions et les pays. Entre 1990 et 2013, l'espérance de vie de la population mondiale a progressé en moyenne de six ans. Elle atteint 6,6 ans pour les femmes, tandis qu'elle est limitée à 5,8 ans chez les hommes, avec une tendance au resserrement de cet écart[1]. Comme depuis longtemps au Japon, devenir centenaire n'est plus une exception en Occident. Ce phénomène devrait même progresser dans les prochaines années, si les progrès médicaux sont au rendez-vous des défis sanitaires. La perspective d'allongement de la durée de la vie ne peut être une bonne nouvelle sans une donnée essentielle : la bonne santé !

Dans ce domaine, beaucoup reste à faire, la pandémie de Covid vient de le démontrer à très grande échelle. Nous n'avions pas manqué d'alertes : épidémies récurrentes comme celles de la grippe ou de la rougeole, mais aussi menaces de paludisme, de chikungunya ou

1. Selon la revue médicale britannique *The Lancet*.

de fièvre Ebola. N'oublions pas non plus le nombre de morts causés par le cancer ou le sida, ainsi que les conséquences sanitaires de la dégradation de l'environnement. Les besoins sont immenses, les perspectives presque sans limites.

Dans les zones à économie prospère, l'augmentation de l'espérance de vie tient surtout aux progrès déjà réalisés dans la prévention et le traitement des cancers, ainsi que des maladies cardiovasculaires. Les modes de vie et l'environnement continuent toutefois d'y menacer la santé. Dans les zones à faibles revenus individuels, la capacité de soigner les diarrhées et les maladies respiratoires a permis de diminuer la mortalité infantile, mais d'autres fléaux demeurent, comme la malaria, la rougeole ou la tuberculose. Des épidémies et des pandémies constituent encore une menace partout sur le globe. Dans nombre de pays, les capacités de soins sont insuffisantes, qu'il s'agisse des structures hospitalières, du réseau de soignants ou de la disponibilité des médicaments adaptés. C'est une réalité constante en Afrique, en Inde ou dans plusieurs des pays d'Amérique latine. C'est aussi le cas en Chine, où l'extension de la couverture médicale devrait doper l'industrie mondiale du médicament, en développant les traitements contre le cancer et les maladies rares.

La santé demeure donc l'un des grands défis du monde pour les prochaines années. Là encore, notre pays est particulièrement bien placé pour y répondre. La France se maintient en pointe de l'expertise dans les relations entre recherche, dispositifs médicaux et thérapies. Elle peut se prévaloir d'une recherche d'excellence qui a produit 5 % des publications mondiales en 2010, notamment en immunologie, cancérologie et microbiologie. Elle est aussi le premier pays européen en termes d'investissement. Dans le domaine de la santé et de la biotechnologie, la recherche française se positionne au cinquième rang mondial. L'institut Pasteur a insufflé la réputation internationale de la France dans la recherche à des fins thérapeutiques. D'autres organismes publics l'ont rejoint, à l'instar de l'Inserm, des laboratoires de recherche de la Défense, du centre d'infectiologie de Lyonbiopôle ou de nombreux autres pôles régionaux. Le secteur privé n'est pas en reste, avec notamment l'Institut Mérieux. Le groupe Mérieux, toujours familial, est dirigé par Alain Mérieux, à la fois homme de science, homme d'affaires et humaniste. Plus grand laboratoire européen de haute sécurité biologique, ce groupe a joué un rôle clé dans la lutte contre Ebola, en isolant son virus en mars 2014. Depuis 2015, il dispose aussi d'une zone spécifiquement dédiée aux bactéries pathogènes, comme les souches multirésistantes de tuberculose[1].

J'ai toujours été frappée par les qualités humaines autant que scientifiques des grands chercheurs et des praticiens en médecine que j'ai eu l'honneur de connaître : Alain Mérieux, que je viens d'évoquer, mais aussi Jean Bernard ou mon ami Jean-Michel Dubernard, décédé en juillet 2021. Ces hommes brillants incarnent un formidable exemple et un facteur d'entraînement pour les plus jeunes. Ils sont aussi un réel atout pour l'image de notre pays, dans un secteur qui connaîtra une concurrence encore renforcée dans les prochaines années.

---

1. Avec un laboratoire d'Atlanta, ce sont les seuls P4 aptes à effectuer des recherches sur la tuberculose multirésistante.

L'industrie de santé française est d'ores et déjà forte et exportatrice. Regroupant près de trois mille cent entreprises, qui emploient cinquante mille personnes, elle pèse près de 10 milliards d'euros de chiffre d'affaires. Elle regroupe aussi bien des ensembles de dimension internationale, tel que le géant Sanofi qui déploie soixante-dix-neuf sites industriels dans trente-six pays, que de nombreuses PME et ETI[1]. C'est le cas pour les dispositifs médicaux des sociétés de biotechnologies spécialisées et des start-up, parmi lesquelles Carmat, Supersonic Imagine, Pixium Vision. Ces dernières constituent un dynamique potentiel d'innovation dans les usages et les solutions numériques au service des patients et des professionnels de santé. La filière biotech de la medtech française est l'une des plus dynamiques au monde. Soyons-en fiers !

Grâce à la qualité de ses équipements de recherche fondamentale et appliquée, à son maillage hospitalier et à son système de santé permettant un large accès à l'innovation, la France réunit nombre d'atouts pour exercer un véritable leadership dans le secteur pharmaceutique. D'ici à 2025, Sanofi a ainsi prévu d'introduire sur le marché chinois vingt nouveaux produits destinés au traitement du cancer et des vaccins de maladies tant chroniques que rares. L'Institut de recherche de Brest, qui travaille sur les maladies du sang, a découvert que les algues rouges contiennent une molécule qui pourrait être utile contre la leucémie. Autre exemple de réussite : la Health Tech, qui regroupe les start-up du secteur de l'e-santé et du bien-être : plateformes web, réseaux sociaux en santé,

1. Entreprises de taille intermédiaire (de 250 à 4 999 salariés).

applications mobiles, objets connectés, data, interface numérique conversationnelle : d'ici à 2030, ce secteur pourrait apporter des solutions à 250 millions de patients dans le monde. Il créerait alors cent trente mille emplois en France.

Ces développements correspondent aux mutations profondes attendues dans les systèmes de santé au cours des prochaines années. Des progrès notables sont d'ailleurs en cours dans la recherche biomédicale sur la connaissance des cellules souches et l'amélioration des pronostics. C'est aussi le cas dans les TIC[1] et les équipements médicaux, avec les perfectionnements de l'imagerie médicale ou les nanotechnologies. Pourquoi devrions-nous jouer en seconde division, alors que nous avons tout pour nous imposer dans le peloton de tête de l'élite ? Notre prochain président devra avoir à l'esprit tous ces potentiels lorsqu'il élaborera son projet pour la santé.

Adaptons les logements aux besoins

À la croissance démographique mondiale correspond un autre défi : loger les nouveaux habitants de la planète dans un urbanisme cohérent et – dans la mesure du possible – harmonieux. Quand on sillonne le monde, comme je l'ai fait depuis mon adolescence, dans un cadre privé ou professionnel, on est frappé par deux phénomènes. D'abord, la prédominance d'un habitat précaire et insalubre dans l'ensemble des pays. Les cases des villages masaïs, rwandais ou peuls, dans lesquelles je me

1. Technologies de l'information et de la communication.

suis arrêtée le temps de prendre un thé pour échanger sur la famille, la sécheresse et le prix du riz, n'ont au fond rien de très différent des cabanes colombiennes, péruviennes ou des favelas où j'écoutais en buvant du maté les plaintes liées à l'insécurité ou à l'inflation. Ni des tentes des nomades du Moyen-Orient ou des peuples du Sénégal, dans lesquelles je reprenais un thé, à la menthe cette fois. Et que dire des habitats des zones dévastées par la guerre, comme j'en ai tant vu lors de mes déplacements au Kosovo ou à Kaboul en 2002 ? Depuis cette époque, bien d'autres conflits armés sont venus précariser encore les conditions de logement des Yéménites, des Syriens, des Soudanais, des Éthiopiens et de tant d'autres. Une sinistre série qui n'est malheureusement pas près de finir… Et même en France…

Le deuxième phénomène qui me frappe est l'accroissement des villes partout dans le monde, ainsi que leur tendance au gigantisme, tandis que les jeunes fuient leur village. Pour mieux vivre ? Je ne le crois pas. Comparer les bidonvilles proches des métropoles et l'habitat sommaire des villages n'est pas forcément à l'avantage des premiers. Malgré tout, l'urbanisation est un phénomène mondial : en 2019, 55 % des habitants de la planète vivaient dans des villes. La désertification des campagnes s'accélère dans presque tous les pays. Les habitants abandonnent les zones où l'agriculture produit peu pour vivre dans les lieux où se concentrent les richesses dont ils espèrent – de façon souvent illusoire – bénéficier. Une telle concentration humaine s'accompagne de multiples difficultés. L'adaptation du nombre de logements à la demande est une équation impossible, qui se traduit par l'augmentation exponentielle des logements insalubres et des campements de fortune. Même chez nous, les jeunes ont du mal à trouver à se loger décemment à un prix compatible avec leur salaire de débutants. Dans les zones touristiques comme le Pays basque, ou d'une façon générale le littoral, c'est presque impossible. Imaginez ailleurs !

Faire cohabiter dans des espaces citadins des constructions de différentes époques est une chose. Esthétiquement, le résultat peut même être réussi, comme à Tokyo où des ruelles et des quartiers traditionnels sont conservés entre de larges voies de circulation modernes, ou avec l'insertion de petits immeubles récents au milieu des vieux faubourgs. Pour autant, des problématiques pratiques doivent être prises en compte pour la vie quotidienne de ceux qui y vivent. La première d'entre elles est l'approvisionnement stable en eau et en énergie – gaz ou électricité. Cette perspective représente un défi tant quantitatif, pour s'adapter aux besoins de la population, que qualitatif, du fait de l'obsolescence des réseaux et de la nécessité de les renouveler. Même dans des villes comme Paris ou New York, la présence de plomb dans l'eau pose un problème sanitaire. Alors dans le reste du monde... La propreté des ensembles urbains ainsi que le traitement des ordures ménagères et des déchets industriels ne sont la plupart du temps pas traités à la hauteur du problème qu'ils posent. Mais en cas de grève des éboueurs, nous constatons vite qu'il est majeur...

Les grandes villes, également lieux de concentration des entreprises, constituent une problématique de plus en plus critique. Par définition, la circulation dans les métropoles augmente avec le nombre d'habitants. Elle entraîne les difficultés les plus grandes dans les communes anciennes, dont les rues n'ont pas été conçues pour l'automobile. Ceux qui doivent se déplacer dans Paris en savent quelque chose... C'est pourquoi la création d'infrastructures pour les transports en commun devient une priorité pour la plupart des municipalités, même celles qui veulent décourager les automobilistes de circuler en centre-ville. Tous ces domaines correspondent à des opportunités économiques considérables pour les entreprises pourvues de l'expertise nécessaire. Or, dans ce domaine aussi, beaucoup d'entre elles sont françaises : Bouygues, SNI, Eiffage, Colas, Technip, Vinci ou Immobilière 3F. Dans le transport, d'autres sociétés font également rayonner notre pays : SNCF, Keolis, Air France-KLM, CMA CGM. La France a ainsi l'opportunité de gagner de nombreux marchés, mais elle doit surtout apporter son savoir-faire à tous les pays qui n'ont pas son expertise en la matière.

Se déplacer aujourd'hui et demain

La communication sous toutes ses formes est aussi un incontournable enjeu de la mondialisation. La communication physique, routière, aérienne, maritime, spatiale, mais aussi la communication virtuelle des médias, des réseaux sociaux ou des supports matériels et dématérialisés d'Internet. Nous sommes tous bousculés dans nos habitudes par les nouveaux modes de vie que ces systèmes de communication suscitent, permettent ou imposent. Une fois encore, la France possède des atouts dans ces domaines. Encore faut-il qu'elle sache préserver ses avantages et encourager les innovations.

L'épopée des transports terrestres, aériens ou spatiaux est peuplée de noms français : Renault, Peugeot, Michelin, Matra, Simca, Citroën, Alstom, Airbus, Dassault, Arianespace... Si les alliances européennes ou mondiales ont entre-temps renforcé la puissance capitalistique d'un certain nombre de ces entreprises, la référence hexagonale demeure. Certes, la crise de la Covid et les préoccupations environnementales jettent un voile d'incertitude sur le devenir du secteur des transports. Il doit répondre aux problématiques de la pollution et aux exigences de la transition énergétique. Certains de ses acteurs connaissaient également des difficultés financières depuis quelques années. Mais le besoin de moyens de déplacement ne disparaîtra pas !

L'automobile demeure indispensable, qu'elle soit personnelle ou partagée. La demande a certes chuté de près de 90 % en avril 2020, mais chacun s'accorde sur une reprise obligatoire. Si le développement de l'usage du vélo constitue une concurrence, encouragée par des politiques municipales étatiques, métropolitaines et restrictives à la circulation des voitures, les besoins en véhicules utilitaires ou personnels sont toujours présents. L'augmentation annoncée des coûts des transports aériens ou ferroviaires favorisera d'ailleurs cette reprise autant que la crainte de la transmission des virus entre voyageurs.

Le secteur automobile a été sérieusement chahuté au cours des trois dernières années : Brexit, crise des Gilets jaunes en France et en Belgique, puis pandémie de Covid. Il n'en demeure pas moins dynamique et créatif. Sous la pression des contraintes écologiques, il développe notamment les véhicules électriques, pour lesquels Renault et Nissan sont des pionniers. La structure juridique et technique des activités automobiles a beaucoup évolué au cours des dernières décennies. Les concentrations des marques et les partenariats entre groupes de différentes nationalités ont atténué le caractère national de certaines firmes. L'implantation d'unités de production hors du pays d'origine a aussi contribué à une certaine internationalisation des marques françaises. Le Maroc est devenu le premier producteur automobile de la région Afrique du Nord-Moyen-Orient, en misant aussi sur un tissu d'équipementiers automobiles pour les constructeurs français Renault et PSA. Renault a d'ailleurs ouvert dans ce pays sa plus grande usine d'Afrique. Résultat : le secteur automobile y est désormais le premier pôle d'exportation devant les phosphates. L'Algérie, bien qu'elle ait conclu un partenariat avec Renault pour la production de voitures « *made in Algeria* », a rencontré plus de difficultés en raison du système adopté, qui conduisait à un très faible taux d'intégration des pièces produites localement. Mais ce sont aussi des opportunités pour notre pays de participer à un développement commun.

Ainsi, à côté de la traditionnelle Peugeot qui sillonne les pistes subsahariennes en émettant un bruit de ferraille reconnaissable entre tous, je remarque lors de mes déplacements sur les routes africaines des véhicules de l'alliance Renault-Nissan. Si les véhicules français sont donc toujours présents en Afrique, on croise aussi un nombre croissant de voitures japonaises, dont le prix est plus attractif. Il s'agit d'un marché important, compte tenu de l'insuffisance du réseau des transports ferroviaires ou du coût élevé des déplacements aériens. La Renault Clio demeure la voiture française la plus vendue au monde. À côté des mastodontes économiques, un marché potentiel peut également intéresser des start-up françaises, tant dans l'électrique que dans la conduite autonome.

Depuis quelques années, des expérimentations sont menées sur des voitures équipées de systèmes d'aide à la conduite ou sans chauffeur. Une telle technologie est aujourd'hui maîtrisée. Je l'ai même testée il y a cinq ans avec intérêt, pas en France, hélas, mais dans la Cité du futur aux Émirats. Sensation surprenante : on est assis comme dans un minibus où il n'y aurait ni chauffeur ni volant. Reste à régler la question de l'introduction de tels véhicules sur la voie publique. Celle-ci sera forcément complexe, en raison des problématiques liées à la sécurité et à la capacité de réaction à une multitude de situations, qui constituent des exigences impératives. Si la France a pris du retard dans ce domaine, tout n'est pas perdu pour autant. Notre pays se veut désormais « une terre d'expérimentation [...], un centre d'excellence de l'intelligence embarquée et un leader en sécurité des systèmes complexes, afin de préparer les nouvelles mobilités de demain », selon la formule de l'ordonnance du 3 août 2016 relative à l'expérimentation de véhicules à délégation de conduite sur les voies publiques. La Métropole du Grand Paris commence à tester de tels véhicules autonomes.

Il est certain qu'une telle expérimentation, étendue à la plupart des pays francophones, pèserait sur l'amortissement des coûts, sa crédibilité et ses retombées économiques. Sans oublier son impact environnemental sur la pollution atmosphérique et climatique ! La fluidité du trafic et les sources d'énergies alternatives permettent, selon les ingénieurs du cabinet de conseil AT Kearney, une réduction de la consommation énergétique de près d'un tiers. Cette technologie autorise de plus une perspective de taxis ou de navettes à la demande dans les grandes villes. Si, comme d'habitude, des voix s'élèvent pour souligner les risques urbanistiques, environnementaux et de consommation énergétique, il est probable que le temps donnera comme toujours raison aux avancées technologiques. C'est une occasion de saut industriel à ne pas négliger. Classiques ou autonomes, les véhicules terrestres sont source de nombreuses activités pour un vaste tissu de sous-traitants. Bien placés par tradition et savoir-faire, ceux-ci constituent une source d'emplois et de revenus. Entre nécessités et aspirations, entre modernité et pratique, l'automobile demeurera longtemps une perspective économique importante. N'en déplaise à ceux qui prédisent sa disparition… Elle restera nécessaire.

Le rail deviendra-t-il un concurrent suffisamment persuasif pour restreindre à terme l'usage de l'automobile ? Il ne fait nul doute que cet équipement représente une nécessité pour le transport de marchandises lourdes et de voyageurs. Son absence est même un handicap reconnu dans certaines régions du monde pour leur développement. Il est présenté partout comme un remède à la pollution, aux embouteillages, à la durée des trajets, voire à la sécurité des personnes. Je le vois donc non comme antinomique, mais complémentaire de la circulation routière. Le rail est aussi un point fort de notre industrie nationale. La France a fait partie des tout premiers pays à se doter d'un réseau ferroviaire et à développer une industrie dans ce domaine dès le milieu du XIXe siècle, plus encore à partir du Second Empire. Rattrapée par les autres grandes puissances industrielles au cours du XXe siècle, et surtout par l'émergence de l'Allemagne, la France a retrouvé un rôle de premier plan dans les années 1970 avec le TGV. La fin des Trente Glorieuses s'est accompagnée d'une montée de la concurrence internationale. De nos jours, avec le rachat des activités de transport du groupe canadien Bombardier, Alstom est devenu le numéro deux mondial de la construction ferroviaire. Un bel exemple de ce qu'une alliance industrielle au sein de l'espace francophone peut offrir à ses entreprises : le haut du pavé dans l'univers mondialisé de la concurrence. Comme dans le domaine automobile, les recherches en intelligence embarquée et la sécurité des systèmes complexes ont trouvé des applications. La SNCF travaille aujourd'hui pour les trains intercités sur des machines sans conducteur, avec une perspective d'application très proche.

Un mouvement similaire s'applique au secteur aérien. Là encore, la France a joué un rôle pionnier, dont l'industrie aéronautique a longtemps bénéficié. Quand je me rends à Roissy, j'observe toujours avec émotion – et une certaine nostalgie – le Concorde posé comme un stylo en hommage au savoir-faire français. Ses sièges étaient peu confortables, mais la vitesse du supersonique permettait d'enchaîner deux journées de travail en vingt-quatre heures. Et, surtout, il était magnifique ! Depuis 1891 et Clément Ader, le secteur aéronautique est l'un des fleurons de notre économie nationale. La montée en puissance des États-Unis et de la Grande-Bretagne a peu à peu réduit sa primauté. Des entreprises ont disparu, des regroupements nationaux et internationaux ont été nécessaires. La création d'Airbus, autour de l'axe franco-allemand, a permis d'éloigner le risque de disparition au bénéfice de Boeing en premier, puis des industries chinoises ou russes. Seul Dassault, dans les secteurs très particuliers de l'aviation d'affaires et du militaire, a pu conserver sa structure nationale et familiale.

Jusqu'à la crise de la Covid, la demande de transport aérien était telle que la croissance du trafic ne paraissait limitée que par le manque d'avions disponibles. Boeing et Airbus tenaient à eux deux le haut de la hiérarchie sur le marché. Dans les commandes des derniers mois, Airbus profitait même des difficultés rencontrées par son concurrent avec le 737 MAX, à la suite de crashs dramatiques. Cette situation bénéficiait de toute façon aux très nombreux sous-traitants, à qui les deux géants de la construction aéronautique avaient confié depuis des années des parties entières de leurs avions – qui leur étaient largement communs. La France se positionnait plutôt bien sur ce marché, entre entreprises de taille mondiale, comme Safran, et plus petites entreprises innovantes. J'ai visité de nombreuses PME, au Pays basque et dans les Landes notamment, qui ont développé des savoir-faire parfois exclusifs dans les fauteuils ou les équipements intérieurs des avions. Ceux-ci leur permettent de conquérir des parts de marché dans le monde entier. Avec un chiffre d'affaires de 65 milliards d'euros, le secteur aéronautique place la France au premier rang européen et au deuxième rang mondial derrière les États-Unis.

Airbus n'a pas été épargné par la crise sanitaire, dans la foulée des interdictions et des restrictions visant les activités touristiques. L'économie du secteur aérien ne se limite pas à la construction, elle est surtout dépendante de ses clients. Avec la pandémie de Covid, c'est l'ensemble des flottes destinées aux passagers qui est aujourd'hui impacté. Beaucoup disparaîtront, qu'elles soient grandes ou petites. Certains États ont décidé de réagir, comme chez nous pour Air France ou les compagnies ultramarines. Les compagnies à bas prix, dont la logique est totalement indépendante des États, seront sans doute parmi les premières à disparaître. Dans cet aspect particulier de la crise, la tradition interventionniste de nombreux pays francophones constitue un avantage pour le secteur du transport aérien. Car celle-ci peut placer les compagnies nationales en meilleure position lors de la reprise des déplacements, par rapport aux pays anglophones plus libéraux. Les alliances entre Air France et de nombreuses compagnies maghrébines ou africaines représentent un potentiel non négligeable, qui peut encore être développé dans ce contexte particulier. La hausse du trafic aérien en Afrique avoisine 5 % par an, loin devant celle de l'Europe ou de l'Amérique du Nord. Celle-ci correspond à la desserte insuffisante des liaisons intra-africaines, chère et parfois peu fiable. N'aurions-nous pas un rôle à jouer là aussi ?

Notre expérience hors pair, l'excellence de nombre de nos entreprises et le développement permanent de nos savoir-faire dans l'ensemble des secteurs des transports nous offrent des perspectives quasi illimitées à l'échelle internationale. Si les principales sociétés françaises dans ce domaine ont depuis longtemps amorcé le mouvement, notre prochain gouvernement doit les aider à le poursuivre et même à l'accentuer. Le président devra s'engager fortement et durablement sur cette orientation.

Plus près des étoiles

Le spatial, avec l'ensemble de ses applications militaires et civiles, jouera encore longtemps un rôle essentiel dans le développement des capacités d'observation et de communication. Il constitue aussi un facteur déterminant de souveraineté des États, d'où la course des grandes puissances à la maîtrise de ses technologies et à la conquête de l'espace. Grâce à la vision et à la détermination du général de Gaulle, puis de Georges Pompidou, la France s'est dotée des moyens nécessaires à la fabrication des satellites avec Safran, des lanceurs avec Ariane, ainsi que d'un site de lancement à Kourou (Guyane). Si cet ensemble a permis à notre pays de rivaliser dès les premières années avec les États-Unis et la Russie, des nations comme la Chine, l'Inde ou la Corée ont peu à peu rattrapé leur retard.

À défaut de disposer d'une supériorité technologique marquée, la France continue de bénéficier de la fiabilité de ses installations et de ses matériels, qui lui permet de conserver une place au tout premier rang des pays à capacité spatiale. J'en ai vraiment mesuré l'importance pour l'indépendance de la France en 2003, lorsque j'étais ministre de la Défense, juste avant le début de la guerre d'Irak. À l'occasion d'une réunion de l'Otan, Donald Rumsfeld, mon homologue américain, invoquait l'armement du régime de Saddam Hussein comme une potentielle menace contre l'Europe et les États-Unis, afin de convaincre les autres ministres de la Défense de suivre son pays dans sa volonté d'attaquer l'Irak. Pour conforter ses affirmations, il nous exposa des photos prises par des satellites américains montrant, au cœur d'un vaste espace près de Bagdad, ce qu'il présenta comme des rampes de lancement de missiles intercontinentaux potentiellement nucléaires. Frémissements autour de la table ! Lorsqu'il eut terminé, je sortis des clichés du même site, réalisés par les satellites français, que m'avait fournis notre état-major. Ces images montraient clairement que les prétendues rampes de lancement étaient en réalité des silos à blé, dont l'ombre se projetait sur les champs environnants. Ma démonstration fut suivie d'un silence embarrassé. Je ne peux pas dire que Donald Rumsfeld ne m'en ait pas voulu, mais, après quelques mois, une relation de respect et, à terme, de confiance cordiale s'est nouée entre nous. Être allié ne signifie pas être soumis. Par mon intermédiaire, la France avait ainsi démontré ses capacités technologiques et sa souveraineté. Le regretté Colin Powell, grand militaire et grand politique, a depuis reconnu qu'il savait, à l'époque, que le gouvernement irakien ne disposait pas de missiles balistiques.

De plus en plus de synergies s'établissent entre pays de niveau technologique voisin, qu'ils soient proches ou éloignés géographiquement. L'Agence spatiale européenne (ESA) a très vite donné cette dimension à Ariane. Un satellite, résultant d'une coopération franco-chinoise, a ainsi été lancé avec succès en octobre 2018 pour scruter les océans et anticiper les effets du changement climatique. Les Chinois se montrent depuis longtemps très intéressés par les satellites français à haute résolution. En tant que ministre de la Défense, mon premier voyage en Chine était d'ailleurs entièrement axé sur ce sujet, à l'initiative de mes interlocuteurs gouvernementaux. À défaut d'être directement impliqués dans leur fabrication, la plupart des pays francophones et francophiles sont fascinés par les applications des satellites. L'agriculture et la pêche industrielle sont de plus en plus dépendantes des renseignements communiqués depuis l'espace. La connaissance des déserts, des vallées, des océans et des forêts ouvre d'immenses possibilités de conquêtes, d'exploitation et de préservation, représentant désormais de formidables opportunités d'intervention. Les technologies spatiales représentent aussi des risques majeurs lorsqu'elles sont utilisées à des fins non scientifiques mais militaires. On voit réapparaître une sorte de course à la conquête de l'espace entre grandes puissances qui n'est pas sans inquiéter. Ces nouvelles perspectives concernent les grandes entreprises, mais aussi – et peut-être surtout – les start-up. Ceci explique que le Cnes[1] lance un fonds d'investissement, son président, Jean-Yves Le Gall, considérant que ce sont ces start-up qui vont construire « une partie de l'avenir du spatial ».

Le renouveau de la conquête spatiale ne doit pas être réservé aux États-Unis, à la Chine ou à la Russie. Notre pays a prouvé à maintes reprises qu'il n'avait aucun complexe à avoir dans ce domaine. Si le futur président français n'en a pas conscience, ce ne sera pas une preuve de modestie de sa part, mais un simple manque d'ambition. Certes, nous n'avons pas été les premiers à envoyer un satellite dans l'espace, un homme sur la Lune ou une sonde sur Mars. Mais pourquoi refuserions-nous de croire que d'autres succès inédits sont à notre portée ? Observer la Voie lactée ne suffit pas, nous devons rejoindre les étoiles. L'impulsion présidentielle est indispensable à ce niveau.

---

1. Centre national d'études spatiales.

Concurrencer les Gafam, c'est possible !

L'immense univers numérique est aujourd'hui dominé par quelques géants du web : Facebook, Google, Amazon, Twitter, Uber ou Airbnb, devenus omniprésents dans notre vie quotidienne par le biais des réseaux sociaux ou des moteurs de recherche. Ce quasi-monopole et leur accès aux données personnelles des utilisateurs ne sont pas sans conséquences économiques ni sans risques pour les libertés individuelles. À telle enseigne que de nombreux individus sont désormais en quête d'un web alternatif, notamment grâce à la technologie blockchain.

Cette demande croissante à travers le monde permet d'envisager que la supposée toute-puissance des Gafam et assimilés puisse un jour se réduire, que d'autres acteurs pourraient rivaliser avec ces colosses dont nul n'entrevoit encore les pieds d'argile. Certes, le passage de l'ancien à un nouvel espace numérique prendra plusieurs années. Mais là est justement l'opportunité pour la France et ses alliés de s'inscrire dans la construction de l'avenir, grâce à une vision à moyen terme. Des initiatives existent d'ores et déjà. L'entreprise parisienne BTU-Protocol, par exemple, a créé un système de réservation d'hôtels et de véhicules moins coûteux que son principal concurrent anglo-saxon pour les loueurs. Mieux : celui-ci se révèle même avantageux pour les clients, qui reçoivent un bon financier sous forme de « jetons ». Cette société parvient ainsi à se développer, malgré sa faible couverture médiatique. Ce simple cas illustre qu'une bonne initiative peut permettre à une petite structure de marcher sur les plates-bandes d'un de ces mastodontes qui fait pourtant tout pour maintenir son monopole dans son domaine.

L'économie numérique est devenue depuis longtemps un secteur stratégique qui contribue de façon significative à la croissance des pays. Le développement des TIC affecte profondément les modes de consommation, les échanges et même les modèles économiques eux-mêmes. En Europe, la France est sur le podium de l'attractivité numérique. Outre Orange, l'un des géants mondiaux des télécommunications, notre pays dispose d'atouts non négligeables dans la valorisation des données massives (Big Data), qu'il s'agisse de l'Internet des objets, de ciblage publicitaire ou de solutions sécurisées. De nombreuses initiatives ont déjà été prises dans notre pays pour constituer des sites ayant vocation à devenir des Silicon Valley à la française. Si la comparaison avec le pôle californien des industries de pointe n'est pas toujours des plus pertinentes, force est de constater qu'un mouvement est en marche et que des succès sont au rendez-vous. Le prochain président de la République pourra s'appuyer sur ce qui a déjà été réalisé, mais il devra aussi se montrer plus ambitieux encore.

Partageons notre énergie !

Toutes les avancées économiques et technologiques que j'ai évoquées dans ces différents domaines sont largement dépendantes des capacités énergétiques. Les besoins en énergie ont explosé en un siècle et continuent de croître de manière vertigineuse. Avec les perspectives démographiques et les besoins qu'elles génèrent, l'appétit industriel fait de ce secteur un enjeu majeur des cinquante prochaines années. Les évolutions sont quantitatives, mais aussi qualitatives. La demande de gaz, qui bénéficie de prix bas, ainsi que d'une empreinte environnementale moindre que le pétrole et le charbon, est portée par l'industrie, notamment la chimie ou les transports. Ce marché est largement soutenu par les économies émergentes.

Désormais, la production d'énergies propres concurrence les investissements dans les secteurs plus traditionnels. Elles correspondent aux préoccupations d'approvisionnements durables bon marché, mais aussi respectueux de l'environnement, de la part des États et des industriels. Dans le domaine de la production électrique hydraulique ou nucléaire, la France se situe au deuxième rang mondial. EDF ou Engie font partie des dix plus importantes sociétés de production d'électricité au monde. Dans celui des énergies renouvelables, éolienne et – dans une moindre mesure – solaire, la France dispose de réels atouts grâce à des entreprises bien positionnées, ainsi qu'à une recherche publique de qualité. Cela va de grands groupes comme Alstom, Air liquide, Aréva ou Legrand à des PME comme McPhy ou Levisys. Schneider Electric, géant des équipements électriques, se spécialise de plus en plus dans la gestion de l'énergie et des automatismes pour les bâtiments et les usines. Ces perspectives sont essentielles pour un développement dans de nombreux pays directement concernés, en particulier en Afrique. Elles le sont aussi pour la capacité d'exportation vers des pays moins bien dotés, dès lors que le stockage est rendu possible. Elles ne le sont pas moins pour la protection et l'équilibre environnemental qui constituent une préoccupation majeure pour la planète.

Les capacités de nos entreprises dans le domaine de l'énergie constituent à la fois de nouvelles perspectives de croissance pour notre économie nationale, mais aussi une aubaine pour bien d'autres pays avec lesquels nous pourrions concevoir des coopérations. Il sera cependant nécessaire d'investir sur le long terme pour développer encore davantage les énergies propres.

L'Afrique : la croissance de demain

Une réflexion à long terme doit prendre en compte une donnée essentielle : une part importante des besoins à venir viendra de l'Afrique. Ce continent est le futur géant démographique. Sa population de 1,2 milliard d'habitants aujourd'hui devrait atteindre au moins 2 milliards en 2050, puis 3 milliards à la fin du siècle. Cette réalité aura pour corollaire une urbanisation exponentielle. Pour des raisons sociales, environnementales, économiques et politiques, il est essentiel de l'anticiper et de l'organiser.

L'Afrique est une pépinière de jeunes talents architecturaux. Burkina Faso, Ghana, Maroc ou Sénégal, pour ne citer que les pays francophones, voient éclore des bâtiments conçus grâce à des matériaux et une main-d'œuvre locaux. Écoles en terre crue, ou construites sur l'eau, ces constructions sont à la fois respectueuses de l'environnement et innovantes. Elles représentent aussi une incitation à la créativité sur d'autres continents et une opportunité de conquête de nouveaux marchés pour leurs créateurs. La réussite dans ce domaine en appelle d'autres. Pour les secteurs des transports, du traitement des déchets ou de l'énergie, les entreprises ont largement besoin de s'appuyer sur le numérique. Cela suppose d'importants investissements pour mettre en place les infrastructures nécessaires. Moins les pays sont englués dans des traditions et des contraintes urbanistiques, plus il leur est facile de répondre aux exigences de l'ère actuelle en utilisant les technologies les plus innovantes. Les nouvelles pratiques représentent une chance de développement exceptionnelle pour les pays émergents, mais ceux-ci doivent être capables d'assurer ce bond technologique. De ce point de vue, à chaque fois que je me rends sur le continent africain, je suis frappée par le dynamisme et la créativité des jeunes entrepreneurs. L'Afrique représente un immense champ d'expérimentation, dès lors qu'existent les capacités financières et surtout humaines. L'éducation, encore une fois, y joue un rôle incontournable.

Bien des difficultés demeurent cependant. Il suffit de visiter les écoles des villages de l'immense majorité des pays du continent africain pour en prendre conscience. J'ai le souvenir précis d'une école primaire d'un village de Côte d'Ivoire dans laquelle je m'étais rendue il y a quelques années. Celle-ci ne disposait ni de bancs ni de tables. Quatre-vingt-sept élèves par classe s'y relayaient, quarante-cinq le matin et quarante-deux l'après-midi. Aujourd'hui les habitants de cette même commune possèdent smartphones, tablettes et autres équipements numériques. Une telle disparité peut étonner ; elle est surtout le signe qu'il est possible de créer là-bas des systèmes éducatifs innovants qui permettraient à ces pays de réaliser un saut technologique dans tous les domaines.

Ce qui est vrai en Afrique l'est aussi dans de nombreuses autres régions du monde, du Moyen-Orient à l'Amérique latine, en passant par l'Asie centrale et l'Océanie. Cette capacité à rénover les modes de vie classiques se révélera primordiale pour le développement de zones non privilégiées dans l'activité économique. Elle le sera aussi pour le maintien du dynamisme des régions actuellement en pointe, qui ont besoin de repenser leur rapport aux richesses du monde. La France peut – et doit – y contribuer. Pour l'intérêt économique de ses entreprises, mais avant tout par respect de ses valeurs et du lien qu'elle a toujours entretenu avec ces pays.

En raison des liens particuliers que la France entretient avec ce continent, cet impératif est d'autant plus vrai pour l'Afrique. Mais la Francophonie ne se limite pas à l'Afrique, elle couvre de nombreux pays du globe. Les pays francophones, en particulier, pourraient intégrer un nouvel ensemble supranational que j'appelle de mes vœux.

Le président est le premier, sinon l'unique responsable de l'élan politique indispensable dans ce domaine.

6

Comment peser sur la marche du monde

La France dispose ainsi d'atouts considérables, trop souvent ignorés, pour répondre aux enjeux du monde qui se crée sous nos yeux. Pour en prendre pleinement conscience et en tirer tous les bénéfices, il faut savoir observer notre environnement. La France n'est pas seule !

Difficile d'ignorer à quel point notre planète est en pleine expansion démographique, économique et technologique. Elle connaît aussi plus de tensions politiques, de crises sociales, ainsi que des menaces écologiques et sanitaires. Par chance, par hasard ou grâce au génie de quelques-uns de nos compatriotes, la France apparaît particulièrement apte à relever les défis mondiaux qui s'annoncent. Pour elle-même comme pour participer à la recherche de solutions planétaires. Mais pour agir à grande échelle, elle ne pourrait se contenter d'être seule.

Nos dirigeants actuels peinent à conduire des initiatives qui fédèrent des États autour d'une grande idée des équilibres du monde. La politique arabe de la France, le leadership des pays non alignés, la francophonie même, se résument aujourd'hui à des formules trop souvent vides de sens. Sans contenu réel, sans traduction concrète, sans actions coordonnées et pérennes, les grands discours sur la coopération internationale ne servent à rien d'autre qu'à flatter l'orgueil de ceux qui les prononcent. Depuis quelques années, notre politique étrangère se limite à un suivisme ronchon des États-Unis.

Quant à l'Europe, même si nous y faisons – encore un peu – entendre notre voix, elle se révèle incapable de peser ou même de faire prévaloir son point de vue. En dehors de quelques déclarations sur les droits humains, quel est le poids de l'Union européenne dans la solution des tensions israélo-palestiniennes ? Dans la crise politico-économique du Liban ? Dans les conflits latents ou ouverts de l'Afrique noire, du Maghreb ou du Moyen-Orient ? Et je ne cite là que les pays avec lesquels la France, l'Italie ou la Belgique ont eu des liens privilégiés… Évoquerai-je l'Afghanistan ? le Yémen ? la péninsule coréenne ? Faute d'avoir su se doter des moyens d'intervention économique et militaire, l'Europe est impuissante. Par voie de conséquence, la France, qui veut inscrire sa propre politique internationale dans le cadre de l'Union, l'est devenue aussi.

Cela ne signifie pas pour autant que la construction européenne est en soi une erreur. La mondialisation a accentué le poids des grands ensembles démographiques dans la concurrence économique : Chine, Inde, Amérique du Nord… Face à eux, seule l'existence d'un important marché intérieur permet la mobilisation des moyens financiers nécessaires au développement technologique, mais aussi la capacité d'amortissement de ces investissements, ainsi que l'écoulement d'une partie de la production. La richesse obtenue permet également l'indépendance d'approvisionnement dans les domaines essentiels à la vie de l'État ou de la Fédération. Par voie de conséquence, elle assure aussi l'indépendance politique et stratégique. Elle s'accompagne souvent de la nécessité d'une Défense garantissant la sécurité du pays, mais permettant aussi de nouer des alliances qui renforcent la puissance de l'entité dominante. Pour posséder le poids économique et politique des grandes puissances, il est nécessaire de disposer d'au moins un demi-milliard d'habitants. Quelques États atteignent cette masse critique : la Chine, l'Inde, les États-Unis. D'autres, tels les pays européens, ont compris qu'ils ne pourraient faire prévaloir leurs intérêts s'ils ne sont pas unis.

C'était du moins vrai durant les premières années de la création de l'Union européenne. Aujourd'hui, je suis très inquiète de voir la logique du renforcement par l'union remplacée par le repli sur soi et le nationalisme encouragé par les partis populistes. Les pays membres, ainsi que les structures institutionnelles, semblent tourner sur eux-mêmes et pour eux-mêmes, faute d'une adhésion des peuples à une ambition collective. Deux mandats de parlementaire européenne, de 1989 à 1993, puis de 2014 à 2019, m'ont largement démontré les limites de l'Union. Sur d'autres continents, certains regroupements d'États sont freinés par la dispersion de leurs efforts et la concurrence interne, même s'ils possèdent une population importante et un potentiel économique élevé. C'est le cas en Afrique ou en Amérique latine, malgré les tentatives du Mercosur ou de l'Alena.

Dans cette compétition de plus en plus déséquilibrée, je me suis longtemps interrogée sur le rôle que la France pouvait jouer. À l'heure de la globalisation, un pays seul ne pourrait répondre à la tâche. Mais la France n'est pas seule, elle peut inscrire sa réflexion et son action dans un ensemble plus vaste, capable de peser sur les choix et les politiques mondiaux.

Les organisations internationales ont montré leurs limites

Les institutions internationales (G20, OMC, OMS, Onu) montrent depuis des années leurs limites. Durant son mandat, Donald Trump a souligné leur impuissance face à une volonté contraire exprimée par une entité économique ou politique aussi puissante que les États-Unis. Si les dirigeants américains sont sourds à la philosophie des institutions internationales, celles-ci se paralysent.

Le refus d'obtempérer aux injonctions ne vient pas seulement de la première puissance mondiale. Depuis des décennies, le gouvernement d'Israël n'applique pas les résolutions de l'Onu, les dirigeants de la Corée du Nord snobent les interdits du traité de non-prolifération, l'Iran, la Chine, la Turquie et quelques autres narguent les instances de défense des droits de l'homme ou de l'Organisation du commerce. Quant à l'OMS, elle est accusée d'une trop grande tolérance à l'égard de la Chine dans la crise de la Covid. J'ai participé comme parlementaire et comme ministre à des sessions de l'Onu. J'en ai retiré l'impression d'une institution sans réel souci de mettre en œuvre ce qui est exprimé lors des discours dans le grand amphithéâtre.

Les institutions régionales sont-elles mieux armées ? On peut en douter. Le Conseil de coopération du Golfe, la Communauté économique des États de l'Afrique de l'Ouest ou l'Union africaine peinent à faire émerger des positions communes et encore plus à les faire appliquer. Le Mercosur, l'Accord de libre-échange nord-américain, la Communauté économique centre-asiatique se débattent entre la volonté hégémonique des grands partenaires et les égoïsmes nationaux.

Les critères de proximité géographique ne sont pas exclusifs. L'étude des conséquences économiques de la mondialisation montre de façon évidente que – la Chine mise à part – les pays anglophones ont tiré un plus grand bénéfice de la globalisation. Pour un PIB mondial estimé à 87 698 milliards de dollars en 2019, le Commonwealth déclare 10 400 milliards en 2017. Mais, surtout, cette organisation intergouvernementale obtient une progression régulière avec 11 600 milliards en 2018, soit près de 13,7 % du PIB mondial. De leur côté, les pays de l'espace francophone assurent 6 641 milliards de dollars (8,7 % environ du PIB mondial). Si l'on ne s'en tient pas seulement au PIB mais que l'on compare le poids économique des espaces linguistiques, on constate[1] que le commerce des pays de l'espace anglophone représentait il y a une dizaine d'années plus de 30 % du commerce mondial et celui de l'espace francophone seulement 12,5 %. Si la montée de la Chine ou de l'Inde modifie quelque peu les chiffres absolus, la différence de valeur relative demeure.

Une question se pose alors : ne resterait-il pas d'entité cohérente capable de se projeter dans un avenir efficace

1. D'après la Fondation pour les études et la recherche sur le développement international.

et solidaire pour trouver une solution aux défis du futur ? Je suis persuadée du contraire, mais avec des principes et des règles de fonctionnement moins rigides que ceux des institutions actuelles. Il faut réinventer de nouvelles solidarités, valoriser les modes de pensée communs, révolutionner le fonctionnement des institutions internationales. Oui, il y a des pays qui partagent une vision du monde et de la société. Une vision fondée sur des valeurs humanistes et sur des intérêts économiques, scientifiques et technologiques communs. Une vision fondée sur un attachement à leur souveraineté et aux règles démocratiques. Et, surtout, un lien fondé sur une langue partagée. C'est le cas des pays du Commonwealth, mais c'est aussi celui des États et des régions francophones ou francophiles.

Des valeurs communes

La francophonie n'est pas une idée nouvelle. Le mot remonte au XIXe siècle, mais c'est surtout au XXe siècle que se sont développées des initiatives en ce sens. Ce fut dans les années 1960 la création des premières institutions intergouvernementales francophones : Conférence des ministres de l'Éducation, Association des universités de langue française, Association des parlementaires francophones. En mars 1970 naissait la première version de l'Organisation internationale de la francophonie (OIF). En 1986 se tenait à Versailles le premier Sommet de la francophonie, en 1987 le Forum francophone des affaires à Québec. En 1995, la Charte de la francophonie était signée à Cotonou. En 2018, Erevan accueillait le dernier Sommet de l'OIF, lequel réaffirmait les valeurs et le rôle de la francophonie : paix, démocratie, droits de l'homme, développement durable, économie et technologies numériques.

Longtemps j'ai trop peu considéré la francophonie comme un instrument de développement et d'influence économique de la France. Certes, je connaissais et j'approuvais l'action d'un nombre non négligeable de structures, mais ces organismes concernent surtout le secteur linguistique ou le domaine culturel. Il est donc naturel de s'appuyer sur ces organismes pour toutes les actions qui entrent dans leur champ d'activité, comme la recherche ou l'enseignement. En revanche, le domaine économique et la réflexion stratégique y sont largement absents, en dehors du Forum international des affaires. Lieu de rencontres et de réflexion, celui-ci permet à des chefs d'entreprise de plusieurs pays francophones d'avoir une fois par an environ l'occasion de se retrouver et d'échanger en présence de responsables ou d'anciens responsables politiques. Pourquoi ne pas aller beaucoup plus loin ?

Il est fort regrettable que tout le potentiel détenu par la francophonie ne soit pas utilisé. D'où l'importance d'élaborer une structure capable d'œuvrer dans le domaine économique et stratégique. Dans un cadre politique global, elle aurait pour première mission de valoriser et d'utiliser au mieux les aptitudes des entreprises. La francophonie économique représente une véritable chance pour faire face aux défis des cinquante prochaines années et une mine d'opportunités pour les entreprises dans un contexte de mondialisation.

Si l'on compare la situation actuelle de nos sociétés, multinationales ou start-up, à celle des entreprises des pays anglophones, en particulier du Commonwealth, un certain nombre d'enseignements apparaissent, en positif comme en négatif. Nous devrons donc prendre appui sur ce qui réussit et utiliser leurs erreurs pour ne pas les reproduire. Partir des différences visibles ou non, matérielles ou psychologiques, permet de mieux percevoir les points faibles qui doivent être dénoncés et surtout corrigés.

Une langue qui nous rassemble

Le français est la cinquième langue la plus parlée au monde selon l'OIF. Son utilisation courante est partagée par plus de 230 millions de personnes, avec un nombre croissant d'usagers. Certains estiment son rythme de croissance à plus de 2 % par an, ce qui fait envisager son usage quotidien à 700 millions de personnes en 2050, soit 8 % de la population mondiale[1]. Son enracinement en Afrique ouvre des perspectives très favorables. Et pour cause : la démographie africaine demeure très élevée et l'usage de la langue française y reste largement partagé, avec une proportion de 59 % de locuteurs aujourd'hui. On peut donc prévoir que plus de 80 % de la population de ce vaste continent viendra conforter la place des francophones dans un avenir proche. À deux conditions essentielles. La première : que les écoles africaines continuent à garantir l'enseignement de la langue française, de manière tant qualitative que quantitative. La seconde : que les francophones

1. Chiffres cités par Jacques Attali dans son rapport « La francophonie et la francophilie, moteurs de croissance durable » (août 2014).

retrouvent la volonté de parler leur langue, à commencer par les Français eux-mêmes.

Combien de fois ai-je constaté, dans les instances internationales, que les hauts fonctionnaires et les politiques de notre pays s'efforçaient de démontrer qu'ils maîtrisaient la langue de Shakespeare ? C'est exaspérant, voire parfois ubuesque. À Bruxelles, j'ai ainsi été témoin d'un dialogue surréaliste en (mauvais) anglais entre un fonctionnaire français et un chauffeur belge francophone. Oserai-je rappeler que le français est une langue officielle des institutions européennes ? Beaucoup semblent l'avoir oublié ! C'est d'autant plus rageant que, dans toutes les instances où je me suis exprimée, la quasi-totalité des participants comprenaient très bien notre langue. L'argument selon lequel certains la comprendraient moins bien que l'anglais est inexact car il existe dans les instances européennes au moins autant de participants issus de l'ancien bloc soviétique qui ne saisissent presque pas un seul mot d'anglais. Alors assez de snobisme stupide ! L'influence d'une langue se constitue aussi par la détermination de ses locuteurs à la faire vivre. C'est d'autant plus important qu'au-delà même de ces projections existe un vaste réservoir d'influence et d'idées également véhiculées par des pays et des régions qui ne sont pas forcément francophones, mais francophiles.

Quand, comme moi, vous visitez souvent des pays francophones, vous ressentez aussitôt avec vos interlocuteurs une proximité dans les attitudes, la façon de se comporter ou les analyses – même divergentes – quant aux solutions préconisées. Les langues n'expriment pas seulement des concepts : elles véhiculent une vision du monde, un idéal, des valeurs. Lorsqu'elles sont partagées par des centaines de millions d'individus, ces valeurs et cette vision influent sur l'espace économique et culturel qu'elles couvrent. Elles pèsent sur la politique des continents où elles sont parlées, étendant même leur influence aux pays qui ne les partagent pas. À l'heure de la mondialisation, les langues peuvent donc servir de références sur la planète tout entière. Cette dimension trop souvent négligée est pourtant essentielle à prendre en compte dans tous les raisonnements relatifs à la francophonie.

Statistiques à l'appui, certains estiment que l'ensemble des pays et régions francophones ou francophiles regroupés dans l'OIF pourrait atteindre deux milliards d'habitants en 2050. Sans même compter d'autres pays dont les gouvernements cherchent à se rapprocher de l'ensemble francophile pour diverses raisons. Je pense en particulier à la Chine, qui voit son intérêt politique dans les thèses multilatérales de la France à l'Onu et son intérêt économique dans le potentiel commercial de l'Afrique. Au-delà du critère démographique, c'est surtout le poids économique des ensembles nationaux et multinationaux qui définit leur impact sur les affaires du monde. La trentaine de pays qui composent l'actuel espace francophone cumule environ 8,7 % du PIB mondial. Avec cependant de fortes disparités entre les pays : la France et le Canada représentent à eux seuls 71 % du PIB, tandis que les États du Maghreb et de l'Afrique sont très en retrait. Ces déséquilibres pourraient sérieusement s'atténuer du fait de la forte croissance économique de ces derniers, à condition que l'impact de la crise de la Covid ne s'y fasse pas trop ressentir, notamment dans les échanges commerciaux.

L'Afrique a été longtemps marginalisée. Aujourd'hui, elle peut contribuer à redéfinir un nouveau modèle économique et social. Une des difficultés majeures des pays africains pour financer les investissements, la santé ou l'éducation est la difficulté à lever des impôts. Les entreprises locales sont souvent très petites, tandis que les grandes sociétés internationales se jouent des différentes législations et de leur poids économique pour y échapper largement. Les citoyens sont souvent trop pauvres pour être pressurés fiscalement. Renforcer les capacités d'entreprises nationales à valoriser les ressources locales ouvrirait donc des perspectives nouvelles. Cependant, pour être globalement et durablement efficace, un tel mouvement passe par une structure de partage des compétences, d'harmonisation des règles, mais aussi de réflexion commune sur l'organisation de nos sociétés et sur la place faite à l'humain.

En 2015, les mouvements économiques des États de l'espace francophone s'élevaient à 10,9 % des exportations et 12,2 % des importations mondiales, avec une forte proportion en interne. Ils seraient bien plus significatifs encore si l'on ne se limitait pas aux frontières de cet espace, en prenant en compte le PIB et le volume des échanges commerciaux de l'ensemble des pays francophones et francophiles. Une telle projection trouve encore plus de sens si l'on prend en considération les potentiels de production de richesses et les capacités de travail en commun de l'ensemble de ces pays, non au regard de la situation actuelle, mais en perspective des défis à venir. Là se trouvent une nouvelle frontière et une nouvelle ambition pour un président de la République à la fois visionnaire et pragmatique.

Projetons-nous ensemble

J'ai déjà évoqué les défis alimentaires, énergétiques ou sanitaires qui s'annoncent à l'échelle internationale. Les pays francophones et francophiles ont la capacité d'y répondre ensemble. Un minimum de vision prospective à trente ans permet de constater la pertinence de solutions conduites à cinquante États. Un modèle de coopération économique sur le long terme valoriserait les atouts de chaque pays et de l'ensemble des entreprises francophones et francophiles. Cette communauté économique et politique serait respectueuse de la souveraineté des États, mais proposerait des voies de recherche et de développement axées sur les besoins du monde à venir. Elle mettrait en place des outils concrets de coopération entre les entreprises, en renouvelant l'approche des politiques de coopération et de développement.

Des structures existent déjà aujourd'hui, comme l'OIF. Malgré quelques inflexions, j'insiste sur le fait que leur champ d'intervention réel se limite aujourd'hui aux secteurs linguistiques ou culturels et trop peu économiques. Lorsque ces organisations inscrivent leurs actions dans ce dernier domaine, comme le Forum francophone des affaires, leur finalité réside plus dans l'établissement de bonnes relations entre les dirigeants que dans la réalisation d'un développement à long terme. C'est d'ailleurs ce que me disait le président de cette structure il y a encore quelques mois, lorsque j'évoquais avec lui l'idée d'une communauté économique francophone. Quant à des entités comme la CEDEAO ou l'Union africaine, elles répondent à des urgences politiques ou à des ambitions financières, mais restent le plus souvent dans le court terme.

La nouvelle structure que j'appelle de mes vœux ne serait pas en concurrence avec les organismes existants. Au contraire : elle s'appuierait sur ce qu'ils font, valoriserait leurs actions et comblerait leurs manques, en ajoutant la dimension stratégique et économique. Elle mettrait en œuvre une véritable coopération qui ferait de la francophonie une puissance économique, donc politique. Un modèle existe déjà avec le Commonwealth. Regroupant cinquante-quatre pays et 2,4 milliards d'habitants, l'espace anglophone entretient un sentiment d'appartenance à un bloc politique, sous la houlette de la reine Elizabeth II, mais aussi économique. Certes, bien des points ne sont pas comparables : il n'existe pas de souverain francophone. À mes yeux, c'est cependant un avantage. Je crois indispensable d'échapper à toute idée de suprématie d'un pays sur les autres. Ce qui doit fédérer, c'est une vision partagée de l'évolution du monde, une conviction que valoriser ensemble les atouts de chaque nation francophone peut faire de cet ensemble un pôle mondial d'influence. C'est aussi l'idée que nos gouvernements et nos entreprises ont partie liée dans la réussite économique et sociale de nos pays. À l'heure où les très grandes entreprises se posent en concurrentes des États en se révélant capables de s'affranchir des règles de solidarité et en affirmant leur propre logique de développement financier, un autre schéma est possible.

Tous les domaines dans lesquels la France dispose d'atouts majeurs pour répondre aux grands défis de la planète sont aussi des points forts de la plupart des pays francophones ou francophiles. Il suffit d'évoquer la contribution de certains d'entre eux à la production actuelle pour le constater. Face aux besoins alimentaires d'un monde en pleine expansion démographique, des États tels que le Canada ou la Suisse sont appelés à jouer un rôle majeur. Le Canada est l'un des cinq plus grands exportateurs de blé au monde. Il est surtout le premier producteur mondial de blé de mouture riche en protéines. Orienté désormais vers l'agriculture biologique, avec 4 289 exploitations représentant une superficie avoisinant les 2,5 millions d'acres, le pays encourage la tendance à l'innovation alimentaire. Le Québec est à lui seul un géant de l'agroalimentaire, notamment pour la production de porcs, de lait, l'horticulture ou la transformation alimentaire. La région de Québec a construit un véritable écosystème avec l'Institut sur la nutrition et les aliments fonctionnels, le centre de transfert technologique en biotechnologie TransBioTech, ainsi que le laboratoire de santé et du mieux-être du groupe Leclerc. De très nombreuses entreprises de transformation alimentaire de taille mondiale se sont aussi installées à Québec : Coca-Cola, Bonduelle, Danone, Cargill ou Biscuits Leclerc pour ne citer que celles-ci. Alors que le marché des aliments renforcés par des ingrédients bioactifs est en forte croissance, la réussite des entrepreneurs canadiens dans ce domaine leur offre des perspectives très prometteuses. On pourrait citer les exemples de Saputo, qui a développé Lait's Go à forte teneur en protéines, ou LaHave Natural Farms, qui a conçu un jus de chèvrefeuille bleu.

D'autres pays francophones de taille plus modeste peuvent s'appuyer sur l'agroalimentaire dans leurs projections économiques. La Suisse possède avec Nestlé la première entreprise agroalimentaire au monde dans le domaine de l'eau et du chocolat. Le Roumanie dispose de territoires si conséquents pour la production de céréales qu'elle intéresse les investisseurs chinois. Au Liban, l'agroalimentaire génère environ 30 % de la production du secteur industriel et alimente en sucre, confiseries, boissons, légumes, fruits, amandes, pistaches, vinaigres et alcools une part importante des pays arabes. Le continent africain représente à la fois un immense besoin et une réserve considérable de produits agroalimentaires. Sous l'Empire romain, les pays du Maghreb furent durant des siècles le grenier à blé de Rome. Lorsque je visite les sites archéologiques de cette région, je suis toujours impressionnée par les superbes mosaïques qui font revivre les récoltes de cette époque. Oliviers, orangers, dattiers et vignes y ont conquis leur réputation à travers l'Histoire. Si les aléas climatiques et politiques ont privé ces pays d'un développement visible de ces potentiels, cela ne signifie nullement que ceux-ci ont disparu. La production agricole algérienne approche les 30 milliards de dollars (24,7 milliards d'euros) et ses exportations les 40 millions (33 millions d'euros) en augmentation régulière[1]. En Tunisie, la production agricole se montait à 11,7 millions de dinars (3,6 millions d'euros) en 2017. Les exportations dans ce domaine représentaient 9,6 % des exportations totales[2]. Le Maroc, pour sa part, voit sa branche agricole participer à hauteur de 125 millions de dirhams marocains (11,5 millions d'euros) au PIB national et contribuer pour 11,6 % aux exportations globales.

1. Chiffres de la Direction centrale des statistiques agricoles et des systèmes d'information au ministère de l'Agriculture et du Développement rural.
2. Chiffres fournis par l'Observatoire national de l'agriculture.

Il faut bien sûr prendre en compte des évolutions annuelles parfois sensibles liées aux aléas climatiques.

Dans la zone subsaharienne se côtoient des situations dramatiques de désertification et de malnutrition, mais aussi d'autres zones porteuses de promesses. Pour ne citer que quelques exemples : la Côte d'Ivoire est le premier producteur mondial de cacao, le deuxième de noix de cajou, sans compter les cultures d'ananas, de bananes, de coton et de café. Ce pays remplit les conditions hydrologiques et agriécologiques pour développer sa capacité d'exportation tout en satisfaisant ses besoins locaux. Le Congo, avec 10 millions d'hectares de terres arables, dont moins de 3 % sont aujourd'hui exploitées, représente une réserve considérable pour nourrir sa population comme pour l'exportation. Le Gabon recèle des potentiels similaires, alors que sa production agricole n'est que marginale à ce jour. Madagascar peut espérer retrouver une croissance économique adaptée à ses besoins si on l'aide à lutter contre les pénuries en eau et à utiliser ses terres arables disponibles, dont seule une faible partie est utilisée à ce jour. Les immenses troupeaux de bovins du pays ont disparu, mais ils peuvent être reconstitués. Au-delà de la vanille, qui représente 80 % de la production mondiale, la « Grande Île » pourrait devenir le grenier alimentaire de l'Océan Indien. Ajoutons à tout cela les ressources halieutiques, pour lesquelles le monde francophone est particulièrement bien placé par sa présence en bordure de presque tous les océans, et nous voyons de quel potentiel disposerait cette coalition pour répondre aux besoins alimentaires de la planète.

L'ensemble des océans à notre portée

La pêche fournit une partie de l'alimentation humaine depuis la Préhistoire. Depuis l'Antiquité, elle fait également l'objet d'un commerce dynamique et d'intenses négociations, comme on a pu récemment le voir dans le cadre du Brexit. Elle donne aussi parfois lieu à des tensions et même à des actions militaires contre les bateaux entrés illégalement dans les zones nationales ou des opérations de police contre la pêche illégale. Des États comme le Maroc, la Mauritanie ou le Sénégal tirent des ressources de concessions de pêche accordées à des pays mieux équipés. Le Maroc est le premier producteur de poissons à l'échelle de l'Afrique et du Moyen Orient[1]. Il tire de la pêche plus de la moitié de ses exportations agroalimentaires et 15 % de ses exportations totales. La valeur marchande des produits de la pêche représente environ la moitié du chiffre d'affaires de la production halieutique. La Mauritanie possède 700 kilomètres de côtes dont les eaux comptent parmi les plus poissonneuses du monde. Le secteur de la pêche contribue à près de 20 % aux recettes budgétaires du pays et représente une valeur commerciale de 638 millions de dollars. Pour la zone subsaharienne, le Sénégal est le deuxième pays producteur de la sous-région, derrière le Nigeria et avant le Ghana. La pêche est aussi la première branche exportatrice du pays et la principale source de devises, générant un apport de 130 milliards de francs CFA (199 millions d'euros)[2].

1. Selon la Banque mondiale.
2. Selon Sénégal Export.

Aujourd'hui, le défi majeur est la raréfaction des ressources de la mer. Le risque de surexploitation des espèces conduit à des réglementations, avec l'instauration de quotas annuels dans de nombreux pays. Mais les océans possèdent bien d'autres ressources. À l'instar de la France, plusieurs autres pays francophones se positionnent sur le dessalement de l'eau de mer. Ce marché se développe rapidement, notamment dans la région MENA (Middle East and North Africa) et permet l'émergence d'usines dans de nombreux États. L'Algérie se positionne comme l'un des leaders du marché avec une position de 2,4 millions de mètres cubes par jour. Le Maroc, lui, construit la plus grande usine de dessalement fonctionnant à l'énergie solaire.

Le Canada est un acteur majeur à la fois de la production d'eau et de l'assainissement. Cet immense pays dispose de 20 % des ressources en eau douce de la planète. Il a développé la recherche et les technologies liées à la production d'eau potable avec quarante chaires de recherche dédiées à l'eau. Neuf cents entreprises, cent incubateurs et deux mille salariés complètent cette démarche, avec des résultats remarquables. Deux technologies mondiales y ont été conçues : la désinfection par rayonnements ultraviolets et la filtration sur membranes. Bien d'autres pays de la zone francophone pourraient être cités parmi les réservoirs en ressources naturelles dont la planète a besoin. Plusieurs disposent aussi des meilleures entreprises d'assainissement, dès lors qu'une organisation commune permettrait de traiter le problème dans la durée.

Voilà une belle perspective d'impulsion pour le prochain président.

Plus forts ensemble dans le domaine de la santé

La santé, domaine où la France connaît historiquement une réputation enviable, on l'a vu, est un secteur d'activité particulièrement concerné par les enjeux à venir. Plusieurs pays francophones conservent une position dominante, même face au dynamisme des filières anglo-saxonnes. En Europe, la Suisse est un leader mondial avec les entreprises pharmaceutiques Novartis et Roche. Plusieurs pays africains disposent également d'un potentiel auquel s'intéressent depuis quelques années les grands centres pharmaceutiques. La richesse de leur flore correspond aux efforts consentis pour remplacer par des molécules naturelles la base de nombreux médicaments. L'utilisation des plantes comme substituts aux antibiotiques constitue par exemple un enjeu essentiel aux yeux de l'OMS. Des pays comme Madagascar, le Gabon ou la Côte d'Ivoire recèlent des richesses végétales inexploitées, sauf dans le cadre d'un usage local. Je me souviens d'une visite dans un centre malgache de recherche contre le cancer au cours des années 1970. Dans quelques bâtiments d'aspect modeste s'effectuaient déjà des études sur les plantes qui intéressaient les laboratoires français et américains. Plus récemment, une visite des forces françaises stationnées au Gabon, en tant que ministre de la Défense, fut l'occasion pour moi de découvrir le nombre impressionnant de plantes qui permettent de se nourrir, de se soigner et de prévenir les maladies.

La santé représente certainement un secteur d'avenir pour l'Afrique. La secrétaire exécutive de la Commission économique des Nations unies pour l'Afrique, Vera Songwe, a d'ailleurs affirmé que le continent représenterait dans ce domaine 14 % des opportunités d'affaires dans le monde d'ici 2030, juste après les États-Unis. Elle anticipait la création de seize millions d'emplois industriels dans différents pays africains. Si les besoins en matière de santé y sont considérables, l'industrie pharmaceutique reste embryonnaire. Elle produit à peine 3 % de la fabrication mondiale. L'essentiel des médicaments est importé avec une facture d'environ 12 milliards d'euros. Beaucoup de médicaments sont contrefaits, avec tous les dangers que cela représente. Pourtant des compétences et une aptitude à l'innovation existent sur ce continent. Elles ne demandent qu'à se développer en utilisant les nouvelles technologies. Deux exemples parmi d'autres : un ingénieur a créé au Cameroun un appareil transportable capable de réaliser n'importe où et pour un coût limité des électrocardiogrammes, transmis à distance à un cardiologue. Au Rwanda, des drones sont utilisés pour l'acheminement du sang nécessaire aux transfusions. Associés dans une nouvelle organisation économique à d'autres pays plus avancés technologiquement, les potentiels africains pourraient se développer de façon accélérée.

Sur d'autres continents, des pays francophones ou francophiles ont également des ressources qui ne demandent qu'à être mieux utilisées. Comme l'Afrique, l'Amazonie représente un réservoir bien connu d'une médecine traditionnelle dont les scientifiques découvrent de plus en plus les potentiels. L'Asie du Sud-Est est depuis longtemps reconnue pour son savoir-faire et son approche médicale. Il faut à tout prix éviter que de tels pays francophones ne soient une fois de plus pillés de leurs richesses au bénéfice de grands groupes financiers. Pour changer la donne, nous devrons faire en sorte que ces richesses bénéficient à leur propre économie autant qu'à la santé dans le monde. Cette voie d'un développement avec un bénéfice partagé, j'en constate la possibilité dans un domaine essentiel qui est celui de l'énergie. Il ne manque qu'une impulsion politique à de tels développements et elle doit venir du prochain président de la République.

Une énergie mieux exploitée et mieux partagée

Face aux besoins exponentiels en énergie dans le monde, les pays francophones ont de nombreuses cartes à jouer. Leurs sous-sols contiennent 5,4 % de la totalité des réserves mondiales de charbon, gaz, pétrole et métaux[1]. La France, le Canada, l'Algérie, le Gabon et le Cameroun disposent de sources d'énergies fossiles de premier ordre. Leurs engagements dans les énergies propres et nucléaires représentent un point fort complémentaire. Pour ce qui est des sources d'énergie traditionnelle, l'Algérie est le mieux placé des pays francophones. Avec plus de 60 millions de tonnes de pétrole extrait, ce pays se place au dix-huitième rang mondial et au troisième rang en Afrique, derrière le Nigeria et l'Angola. Pour le gaz, l'Algérie se classe neuvième au niveau mondial et au premier rang en Afrique. La Roumanie a aussi une longue tradition de production de pétrole et de gaz naturel. Le Canada, quant à lui, est le quatrième producteur et exportateur mondial de pétrole et de gaz naturel.

1. Selon les estimations de la Banque mondiale.

Dans le domaine de la production électrique, hydraulique ou nucléaire, la France se situe au deuxième rang mondial. EDF ou Engie font partie des dix plus importantes sociétés d'électricité. Le Canada est le deuxième producteur d'hydroélectricité et le deuxième producteur d'uranium, ce qui lui permet de produire de l'énergie nucléaire sans dépendre d'autres pays. Malgré ses difficultés économiques, Madagascar dispose d'un potentiel hydraulique de 7 800 mégawatts. Les récentes recherches dans le canal du Mozambique ouvrent aux pays riverains, dont la Grande Île ou les Comores, des espoirs d'exploitation d'une énorme réserve de gaz. En Afrique, le Cameroun bénéficie des plus importantes perspectives de développement de l'énergie hydraulique avec 12 000 mégawatts.

Presque tous les pays francophones réalisent des recherches de grande échelle sur les technologies propres. Le Canada les considère comme l'un des secteurs émergents les plus prometteurs. Confrontée à l'immense défi d'accès à l'électricité pour six cents millions de ses citoyens, l'Afrique francophone commence à développer concrètement le solaire, l'éolien et l'énergie marémotrice. Le Congo est doté depuis deux ans d'un centre d'excellence pour la recherche en énergies renouvelables. Grâce à son domaine forestier de 20 millions d'hectares, l'énergie solaire et la biomasse y sont des vecteurs prometteurs. Madagascar présente des atouts non négligeables grâce à ses 2 800 heures d'ensoleillement par an. Le sud du Maghreb, avec des niveaux d'ensoleillement parmi les plus élevés au monde, bénéficie aussi d'immenses perspectives. La Banque africaine de développement a d'ailleurs signé avec certains des pays de la région une lettre d'intention pour renforcer leurs capacités de production dans ce domaine.

Les États africains, mais pas seulement eux, doivent créer les conditions d'une croissance résiliente et inclusive, en valorisant eux-mêmes les ressources locales. La crise de la Covid et ses conséquences économiques contribuent à renforcer le questionnement des pays sur le développement durable, avec notamment une tentation de recentrage de la consommation sur la production locale. Parce qu'ils sont particulièrement touchés, les pays africains sont au cœur de la réflexion dans ce domaine. Leurs économies, largement dépendantes des exportations, sont en péril. Face aux bouleversements, ils doivent définir les modèles de développement vers lesquels ils pourraient s'orienter. Est-il par exemple logique que le bois des forêts africaines ou les textiles soient envoyés en Chine ou en Europe pour revenir sous forme de meubles ou de papier ? Pour apporter des réponses concrètes, il est indispensable de mutualiser les ressources intellectuelles, ainsi que les moyens financiers auprès d'investisseurs publics et privés. Si les citoyens des pays occidentaux servent de référence à l'espoir de mieux vivre dans les pays africains, ces derniers portent aussi dans leurs traditions une vision des rapports de l'homme à la nature qui vont dans le sens de cette prise de conscience.

Les investisseurs privés se mobilisent de plus en plus dans une voie qu'ils estiment prometteuse. Encore faudrait-il créer une véritable synergie entre secteur public et privé et les gouvernements des États concernés. Je ne supporte plus les occasions perdues faute d'un minimum d'analyse commune, de cohérence. Les vieilles habitudes, la pesanteur de l'État, la certitude de certaines administrations d'être seules porteuses de l'intérêt général entravent les évolutions. Il faut donc dépasser l'étroite vision hexagonale. La francophonie, en ce sens, peut être un socle pour les actions de coordination. J'en suis convaincue : comprendre les besoins et les contraintes du partenaire est bien plus facile quand la communauté linguistique est la même.

C'est donc un sujet dont le président de la République devrait s'emparer en priorité !

Soutenons les talents francophones

La dernière initiative que je propose pour ce nouvel organisme francophone est la mise en œuvre d'un réseau des hauts potentiels économiques et politiques francophones ou francophiles. Cette idée découle de mon expérience d'universitaire et de députée, mais aussi de ce que j'ai constaté au ministère de la Défense et dans la vie quotidienne. Les États-Unis ou le Royaume-Uni ont depuis longtemps compris l'importance d'agir dans ce domaine. C'est aussi ce que la France entreprend avec l'accueil des étudiants étrangers dans certaines de ses grandes écoles, comme l'Ena, Polytechnique, HEC, l'Essec ou l'Edhec. Une telle politique mériterait d'être systématisée entre pays de la francophonie. Elle est en effet la garantie d'une solidarité francophone au sein des futures élites de ces pays.

Autant les grandes écoles et les universités sont accueillantes, autant les entreprises agissent de façon trop limitée et dispersée dans cette perspective. Certes, certaines proposent des stages à de jeunes cadres étrangers et d'autres un emploi de début de carrière. Mais bien peu – pour ne pas dire aucune – assurent une liaison avec l'enseignement du français à l'étranger. Il faut reconnaître que les réticences des administrations françaises à délivrer des visas et des autorisations de travail ne les encouragent guère. D'autres pays francophones, tel le Canada, se montrent plus ouverts en la matière.

Si l'on veut que les cadres politiques, économiques et administratifs des pays francophones et francophiles se connaissent bien, il faut créer les occasions de les faire travailler plusieurs années côte à côte, de préférence en début de carrière. La Communauté économique francophone devra se doter d'une cellule technique dédiée à cette incitation des entreprises et des administrations à s'ouvrir aux hauts potentiels des pays partenaires. Ce sont ces jeunes talents qui bâtiront l'avenir de la francophonie.

Cette nouvelle organisation francophone et francophile ne doit pas être une énième coquille vide au titre pompeux. Une fois fondée, elle devra se souvenir des promesses de son baptême. Je demande au prochain président de la République de soutenir cette initiative et de jouer un rôle moteur auprès des autres États pour créer cette union.

Épilogue

Tous les candidats à la présidence de la République savent à quel point notre monde est en mutation. Ils n'ignorent pas non plus que la planète subit sans doute plus que jamais la multiplication des affrontements armés, des conflits politiques, des mouvements sociaux, des risques écologiques et des menaces sanitaires. En revanche, ils n'ont pas suffisamment conscience que la France est l'un des pays les mieux armés pour participer à la recherche de solutions aux maux qui pèsent sur notre avenir collectif.

Le 9 novembre 2021, jour de la commémoration du décès du général de Gaulle, la quasi-totalité des candidats putatifs au scrutin élyséen n'ont pas manqué de rendre hommage au fondateur de la Ve République. Peu importe qu'ils appartiennent ou non à sa famille politique, que leurs valeurs soient compatibles avec l'héritage gaulliste ou que leur parcours soit aux antipodes de celui qui fut le chef de la France libre. Tous se revendiquent désormais de lui ! Se placer dans l'ombre d'un grand homme n'est pourtant pas le meilleur moyen de capter un peu de sa lumière. Au lieu de citer son nom avec des trémolos dans la voix avant de se soumettre à l'immobilisme et à la lâcheté, mieux vaudrait s'inspirer de lui en agissant avec la même volonté pour refuser la défaite et combattre une supposée fatalité.

Charles de Gaulle restera dans l'Histoire parce qu'il a été un guide, une lueur dans la nuit qui a permis à toutes les bonnes volontés de s'unir pour que notre pays ne sombre pas dans l'abîme où d'autres l'avaient plongé. Ceux qui se réclament aujourd'hui de lui doivent donc suivre le même chemin, s'ils ne sont pas de simples opportunistes ou des cyniques de la pire espèce. Malgré ses beaux discours, la classe politique actuelle prouve par ses renoncements qu'elle n'ambitionne plus de mener bataille pour rendre à la France sa place dans le monde et permettre aux Français de s'élever. Mais le dernier mot est-il dit ? L'espérance doit-elle disparaître ? La défaite est-elle définitive ? Non ! Rien n'est perdu pour la France.

C'est au prochain président de la République que reviendra la tâche fondamentale de choisir le courage au lieu de l'aveuglement. Il n'aura plus le droit de se contenter d'une poignée de réformes démagogiques portées en bandoulière, tandis que la société poursuivrait son effondrement. Il devra réveiller les forces de notre pays, pour lui-même, mais aussi pour participer en profondeur aux défis mondiaux qui s'annoncent. « Foudroyés aujourd'hui par la force mécanique, nous pourrons vaincre dans l'avenir par une force mécanique supérieure. Le destin du monde est là. » Tels étaient les mots de Charles de Gaulle le 18 juin 1940, alors que la barbarie nazie semblait inarrêtable. Aujourd'hui, les ennemis ne portent plus l'uniforme à la croix gammée, mais ils n'en sont pas moins destructeurs. Ces ennemis sont multiples, mais le pire d'entre eux est celui que nous portons en nous : la résignation.

Le futur chef de l'État ne pourra pas agir seul. À lui de montrer la voie, mais à nous tous de prendre nos responsabilités. Quelle que soit notre place dans la société, nous avons tous une pierre à apporter pour bâtir un avenir meilleur. Pas pour détruire, pour construire ! Ce ne sont plus seulement les officiers, les soldats, les ingénieurs et les ouvriers des industries d'armement qui sont appelés à se mobiliser, c'est nous tous.

Le premier acte devra consister à ne plus accepter de donner notre voix à ceux qui n'en sont pas dignes, à refuser de nous bercer d'illusions et payer de mots qui ne seraient pas suivis d'actes, à regarder à long terme plutôt que de nous soumettre à la dictature de l'instant.

Second acte : briser le règne de la démagogie en cessant de porter aux nues ceux qui la véhiculent, nous montrer exigeants envers les tenants de l'expression publique et tolérants envers ceux qui portent un discours raisonnable, même s'il diffère du nôtre.

Troisième et dernier acte : agir à notre niveau pour que le sens des responsabilités prenne le dessus sur les doléances marginales, pour que le collectif prime sur l'individualisme, pour que la nécessité de faire société s'affranchisse des nouvelles fragmentations que tentent d'imposer des extrémistes et des soi-disant progressistes.

Tel est l'horizon que doit indiquer le prochain chef de l'État, tels sont les devoirs qui nous incombent.

Quoi qu'il arrive, la flamme de la France ne doit pas s'éteindre et ne s'éteindra pas.

Table

Cet ouvrage a été composé
par Facompo
à Montrouge (Hauts-de-Seine)

Impression réalisée par
NORMANDIE ROTO IMPRESSION S.A.S.
à Lonrai (Orne)

en février 2022
pour le compte des Éditions de l'Archipel,
département éditorial de la S.A.S. Écriture-Communication

Imprimé en France
N° d'impression : 2200344
Dépôt légal : mars 2022